新秘書特講

秘書検定で学ぶオフィスの常識と心構え

公益財団法人 実務技能検定協会 編

はじめに

　企業や団体等の組織において展開される業務は，複雑で多岐にわたります。さらに近年では，事務的な処理はますますスピードを要求されるようになってきています。
　社会や企業の変化，情報機器の発達等を背景に，日本における「秘書」の姿は，ここ数十年の間に大きく変わりました。以前は，秘書課に所属する秘書や，一人の上司について上司の仕事をさまざまな角度から補佐する秘書が多かったのに比べ，それぞれの課で自分の仕事を持ちながら上司の補佐をする兼務秘書が増えています。この流れは今後もますます加速していくことでしょう。
　一方で，かつて「秘書」に求められた資質，言動，技能は，秘書だけでなく全ての社会人が身に付けておくべき素養，つまり社会人基礎力でありヒューマンスキルであると認められるようにもなってきています。

＊

　本書は，当協会が実施する秘書検定3級，2級の審査基準を基に構成しています。
　本書で学べば，社会に出て働く人に求められる「基本的な仕事の仕方」と「態度・振る舞い」を身に付けることができます。社会人になった自分をイメージすることが容易になり，就職活動ひいては新社会人としての一歩を，よりスムーズに踏み出すことができるでしょう。
　また，このような基礎を学ぶことは，秘書検定の合格にも直結します。
　本書で秘書の仕事について学ぶことを通して，ぜひ自らの「社会人基礎力」「ヒューマンスキル」を磨いていただくよう願っています。

公益財団法人 実務技能検定協会

目次

はじめに

第1章　必要とされる資質

第1節　職業人としての自覚と心構え
- 1-1　社会人としての自覚を持つ……………………………… 8
- 1-2　上司の身の回りの世話 …………………………………… 11
- 1-3　望ましい人柄 ……………………………………………… 14
- 1-4　身だしなみ ………………………………………………… 17

第2節　求められる能力
- 2-1　処理力と行動力・判断力・記憶力・表現力 …………… 20
- 2-2　理解力・対人関係能力 …………………………………… 25

過去問題チェック……………………………………………… 28

第2章　職務知識

第1節　秘書の機能
- 1-1　秘書の役割 ………………………………………………… 34
- 1-2　定型業務 …………………………………………………… 38
- 1-3　非定型業務 ………………………………………………… 42

第2節　仕事の進め方
- 2-1　効率的な仕事の進め方 …………………………………… 45
- 2-2　指示の受け方，報告・連絡・相談の仕方 ……………… 48
- 2-3　失敗への対処と注意の受け方 …………………………… 51

過去問題チェック……………………………………………… 54

第3章　一般知識

第1節　社会常識
- 1-1　社会常識 …………………………………………………… 58
- 1-2　政治の知識 ………………………………………………… 60
- 1-3　経済の知識 ………………………………………………… 62
- 1-4　国際関係の知識 …………………………………………… 64
- 1-5　生活の知識 ………………………………………………… 66

第2節　経営知識
- 2-1　企業とは何か …………………………………… 68
- 2-2　企業の組織と機能 ………………………………… 70
- 2-3　経営管理 …………………………………………… 73
- 2-4　生産管理・マーケティング …………………… 76
- 2-5　労務・人事 ………………………………………… 79
- 2-6　会計・税務 ………………………………………… 81

知っておきたい言葉 ………………………………………… 84
過去問題チェック …………………………………………… 88

第4章　マナー・接遇

第1節　あいさつと話し方，聞き方
- 1-1　あいさつとお辞儀 ………………………………… 92
- 1-2　話し方の基本 ……………………………………… 95
- 1-3　聞き方の基本 ……………………………………… 98
- 1-4　敬語の用法 ………………………………………… 101

第2節　電話応対
- 2-1　電話の特性とマナー ……………………………… 105
- 2-2　電話の受け方 ……………………………………… 107
- 2-3　電話のかけ方 ……………………………………… 110

第3節　来客応対
- 3-1　来客の受付と案内 ………………………………… 112
- 3-2　茶菓接待 …………………………………………… 117
- 3-3　見送りのマナーと乗り物の席次 ……………… 120

第4節　交際業務
- 4-1　慶事 ………………………………………………… 122
- 4-2　弔事 ………………………………………………… 124
- 4-3　贈答とその他の交際業務 ……………………… 129

過去問題チェック …………………………………………… 134

第5章 技能

第1節 会議
- 1-1 会議の目的と種類 …………………………………… 138
- 1-2 会議の準備 …………………………………………… 141
- 1-3 会議中の秘書の仕事 ………………………………… 145

第2節 ビジネス文書の作成
- 2-1 ビジネス文書 ………………………………………… 147
- 2-2 社内文書 ……………………………………………… 149
- 2-3 社外文書 ……………………………………………… 152
- 2-4 メモとグラフ ………………………………………… 159

第3節 ビジネス文書の取り扱い
- 3-1 受信，発信業務 ……………………………………… 162
- 3-2 郵便の知識 …………………………………………… 164

第4節 資料管理
- 4-1 名刺管理や資料の整理 ……………………………… 168
- 4-2 ファイリングの基礎知識 …………………………… 172

第5節 スケジュール管理
- 5-1 スケジュール管理 …………………………………… 176

第6節 環境整備
- 6-1 オフィスの環境を整える …………………………… 180
- 6-2 事務用品とOA機器 ………………………………… 183

過去問題チェック…………………………………………… 186

補講

1 社会人に求められる態度，振る舞い
　　──お辞儀・立つ・座る・歩く・明るい表情 ………… 190
2 新社会人の平均的な働く一日 …………………………… 195

秘書技能審査基準（3級・2級・準1級・1級）………… 199
秘書検定模擬試験〈3級〉………………………………… 203
秘書検定模擬試験〈2級〉………………………………… 219

第 1 章

必要とされる資質

第1節　職業人としての自覚と心構え

一口に「秘書」といっても，所属する部門や事業の別，機能の別によりさまざまな種類があり，その仕事内容は異なります。本書で主に扱うのは，上司の身の回りの世話をする補佐役としての秘書です。

秘書も一人の社会人であり，社会人には「職業人」としての自覚が求められます。一社会人としての心構えや求められる人柄，身だしなみ等について理解します。

第2節　求められる能力

一人の社会人として仕事を進めていくためには，さまざまな能力が必要です。また，上司の身の回りの世話をする秘書は，周りの状況から適切な判断をし，行動しなければなりません。秘書に求められる能力について学びます。

第1節　職業人としての自覚と心構え

1-1 社会人としての自覚を持つ

学習のポイント

①社会人として求められる資質と心構えを理解する。
②基本的なマナーの必要性を理解する。
③仕事の流れを理解する。

ケース

新人秘書Aは先輩から，仕事をするときには積極性が必要と言われた。そこでAは，仕事をするときの積極性とはどのようなことか次のように考えた。中から**適当**と思われるものを一つ選びなさい。

(1) 終業時間後も周りの人が仕事をしているときは，自分も仕事を探して残業することかもしれない。
(2) 指示された仕事が終わったときは，指示した人に報告し，他にすることはないかと尋ねることかもしれない。
(3) コピー室で他部署の人と一緒になったときは，何をコピーしているのかを聞いて他部署の仕事を知ることかもしれない。
(4) 上司に電話を取り次ぐときは，自分が秘書だと分かってもらえるように自分を名乗ってから取り次ぐことかもしれない。
(5) 指示された仕事で分からないことがあるときは，取りあえず自分の考えで進めておいて，尋ねるのは後にすることかもしれない。

ケース解説

積極性とは，自ら進んで物事に取り組もうとする姿勢を表します。社会人として組織の一員として働いていくときには，この積極性を発揮することが不可欠です。(2)仕事が終わったら他にすることはないかと尋ね，仕事をしたい，できるという気持ちを示すことは，積極性がある行動といえます。

ただし，(1)むやみに残業をする，(3)他部署の仕事まで知ろうとする，(4)自分の名前を印象付けるためにわざわざ名乗ってから電話を取り次ぐ，(5)分からないことを独断で解釈して仕事を進めるといったことは，誤った積極性の発揮の仕方です。

第1章　必要とされる資質

1．一人の社会人として求められる資質とは

　一般に日本の秘書の主な仕事は，企業や官庁などの組織において，上司や役職者が本来の仕事を進めやすいよう，スケジュール調整をしたり，対人応対や文書作成・情報の処理などについて手助けをすることです。以前は秘書職を専業とする人も多くいましたが，近年ではどこかの部署に所属し，自分の仕事を持ちながら上司の身の回りの世話を行う「兼務秘書」が増えています。
　組織では，さまざまな地位，役割を持つ人々が集まって仕事を進めています。秘書もその中の一人であり，もとをただせば一人の社会人です。
　社会人には，学生時代とは異なり「職業人」としての自覚が強く求められます。所属する組織の一員として自分の立場をよく理解し，広く周りの状況に目配りできるのが職業人です。具体的には次のような資質が求められています。
■良識……社会で一般に承認されている健全なものの考え方
■責任感……仕事を最後まで粘り強くやり遂げること
■正確さ……期日や指示を正しく守り，間違いのない仕事をすること
■協調性……上司や先輩，同僚などとのチームワークを大切にすること
■コスト意識……効率よく仕事を行うこと。備品の無駄遣いをしないこと

2．マナーを身に付ける

　組織には，年代や価値観，行動パターンの異なる大勢の人が属しています。また，お客さまや取引相手と関わる機会も多くあります。周囲の人々と円滑な人間関係を築くことは，社会人としての第一歩です。そのためには，次のような基本的なマナーを身に付けましょう。
■礼儀正しい態度・振る舞いをする
■丁寧な言葉遣いをする
■時間を厳守する
■上下関係を理解する
■笑顔を心がける

3．仕事の流れについて理解する

　社会人として一番心がけなければならないことは，自分の関わる仕事をきちん

と進めることです。遅刻や欠席などで周囲の人に迷惑をかけないよう気を付け，仕事の流れを把握した上で，無駄のない段取りを考えます。
■上司や同僚，自分のスケジュールを確認する
■上司のタイミングを見計らって報告，連絡，相談などを行う
■独断で仕事を進めない
■メモを取る習慣をつける

4. 自己管理・自己啓発に務める

(1) 自己管理

　社会人には，自己管理が求められます。特に近年では，ストレスマネジメント（精神や肉体に負担を与える刺激・状況に対し，適切な対処法をしていくこと）が課題となっています。
　仕事に差し支えないよう，時間や金銭の使い方，自らの健康や精神の状態をチェックし，公私共に安定して生活できるよう改善を図ることが大切です。そうすることで仕事に取り組みやすくなり，周りに目配りする余裕も生まれてきます。

(2) 自己啓発

　社会人になっても学ぶ姿勢が大切であることに変わりはありません。向上心を持ち，学び続けることで職業人としての実力を磨き，質を高めることができます。
　ただし，学ぶ内容は学生時代とは異なり，職務や組織に関することが中心になります。また，仕事に必要なパソコンや語学などの技能を磨くことも必要です。
■自分自身の仕事に直結すること
■自分の所属する組織（会社や団体）について（歴史や売上高など）
■業界（同じ分野の仕事）や産業界について
■社会の情勢，政治，経済，文化について
■パソコンなどの技能
　さらに余裕が出てきたら，教養を深めるなどして視野を広げるよう心がけるとよいでしょう。仕事に直接関係がないと思われることでも，人間関係を広げ，深めるために役に立つことがあります。

第1章　必要とされる資質

第1節　職業人としての自覚と心構え

1-2 上司の身の回りの世話

学習のポイント

①秘書の心構えを理解する。
②上司の補佐役とはどのようなことかを理解する。
③上司と信頼関係を築く。

ケース

秘書Aは先輩から，上司に信頼してもらうために欠かせないこととして，次のことを教えられた。中から不適当と思われるものを一つ選びなさい。

(1) 上司の仕事と職責を理解する。
(2) 上司の性格や好みを把握する。
(3) 上司の考え方や仕事の仕方に従う。
(4) 上司の執務に快適な環境をつくる。
(5) 上司への気配りは必要を確認してからにする。

ケース解説

　秘書に求められるのは，まず上司の(1)仕事と職責，(2)性格や好み，(3)考え方や仕事の仕方などを理解することです。そうすることで的確な補佐ができるようになります。また，上司の手を雑事に煩わせないよう，机周りや資料などをきちんと整理整頓し，(4)執務に快適な環境を整えることも秘書の役割の一つです。
　秘書にとって(5)気配りは欠かせないものです。しかし，わざわざ必要を確認してから行うのでは気配りとはいえません。
　気配りとは，それとは気付かれないうちに相手の気持ちや状態を察し，それに合わせた対応をすること。上司がいつでも仕事をしやすい状態にあり，信頼して仕事を任せてもらえるよう，秘書は日頃からさまざまなことに気配りをします。

1. 秘書の心構え

　上司が本来の仕事に専念できるよう，細かい仕事や身の回りの世話を引き受けるのが秘書の務めです。そのためには，どのようなことでも任せてもらえるよう，信頼関係を築いていかなければなりません。信頼関係は，一朝一夕にはならず，日頃の行動から生まれてくるものです。そのため，次のような心構えと行動が必要になります。

（1）上司や会社に関する知識を身に付ける

　まず，社内における上司の職務や権限について理解しなければなりません。現在，上司の周りではどのような仕事が進行しているのかを理解し，その中で自分ができる補佐とは何かを考えます。

（2）指示された仕事は確実に

　秘書として最も大切なのは，指示されたことを確実に実行することです。間違いのない仕事ぶりを見せることで，上司からの信頼を得ることができ，さらに幅広い仕事を任せてもらえるようになります。

（3）補佐役としての技能を発揮し，細やかな気配りをする

　秘書が行うのは，上司の手伝いあるいは補佐であり，上司の代わりをすることはできません。これを，秘書の「職務の限界」といいます。
　上司の部下に対し指示をしたり，客との面会を勝手に調整したりすることはもっての外です。職務の限界を守りながら，あくまでも補佐役に徹してバックアップします。
　頼まれた仕事をきちんとこなすだけでなく，自ら目配りして上司の助けとなるよう行動します。例えば資料などを誰にでも分かるよう使いやすく整理したり，上司の机の周りの環境も整えておきます。また，上司の身の回りの世話をすることも秘書の仕事であるため，私的な用事をすることもあります。

2. 上司の人間性を理解する

　信頼関係を築くために，自分から進んで上司を理解するよう努めましょう。日頃から，次のような点に注意して行動します。

■上司の気持ちや考えを察するよう心がける
■上司の関心事や活動範囲を覚えておく
■上司と行き違いがある場合は，冷静に話し合い解決に努める

3. 上司の健康状態に気を配る

　上司に持病がある場合や過労気味のときは，秘書として十分に気を配らなければなりません。日頃から次のようなことを心がけましょう。
■健康保険証の番号を控えておく
■緊急時の医療機関を調べておく
■応急処置用の薬品を備え，効能と用法を理解しておく
■主治医の連絡先を控えておく

　気を配り過ぎるあまり，秘書から「もう帰ってはどうか」「この後の打ち合わせは延期してはどうか」などと言うのは，秘書の職務を超えた発言です。上司の判断を待って対応するようにします。

第1節　職業人としての自覚と心構え

1-3　望ましい人柄

学習のポイント

①社会人に求められる人柄，態度，資質を理解する。
②信頼関係を築くことができる人柄とはどのようなことかを理解する。
③機密を守ることの大切さを理解する。

ケース

秘書Aは上司から，「皆に君のような笑顔があるといいのだが」と言われた。次は上司が笑顔を求めている理由についてAが考えたことである。中から不適当と思われるものを一つ選びなさい。

(1) 笑顔のある人には親しみが感じられ，ものを頼みやすいからではないか。
(2) 笑顔のある人は物事を肯定的に捉え，悲観的な見方をしないからではないか。
(3) 笑顔のある人は性格も明るく，周囲を明るい雰囲気にしてくれるからではないか。
(4) 笑顔のある人にはゆとりが感じられ，安心して仕事を任せられるからではないか。
(5) 笑顔のある人は相手の心を和ませ，態度の善しあしが気にされないからではないか。

ケース解説

「笑顔」は，社会人ならば誰でも心がけておきたいことの一つです。学生時代までは，落ち込んだりムッとしたり，自分の感情を態度に表すことが許されたかもしれませんが，ビジネスの場ではそうはいきません。

では笑顔にはどのような効果があるのでしょうか。まず笑顔のある人は（3）性格が明るく見え，（2）物事を肯定的に捉える（悲観的な見方をしない）態度が感じられます。周囲の人によい印象を与え，一緒に働きたいという気持ちにさせるのです。

また，笑顔には（1）親しみや（4）ゆとりが感じられ，（5）相手の心を和ませる力があります。（1）頼み事をしたり，（4）仕事を安心して任せるには，そのような安定した雰囲気が大切なのです。

特に秘書は，上司だけでなく上司の周りのさまざまな人との関係を築いていくことになります。笑顔で感じのよい秘書がいると，上司の評判もよくなります。

しかし、笑顔であれば（5）態度・振る舞いの善しあしは気にされない、ということではありません。笑顔で、なおかつきちんとした態度が求められるのです。

1. 秘書に求められる人柄、態度、資質

(1) 感じのよさ

秘書の印象は、所属する組織や上司の印象に影響を及ぼします。周囲の人に「感じがよい」という印象を与えることは、よい人間関係を築いていくために欠かせないことです。社内外での言動は常に他人から見られているものと考え、よい印象を与えるよう心がけましょう。

「感じがよい」態度・振る舞いの要素には次のようなものがあります。
■きちんとしていて、丁寧である
■謙虚さがあり、控えめである
■明るく元気ではきはきしている
■協調性がある
■素直で人当たりがよい
■情緒が安定している

(2) 信頼関係を築く

仕事を円滑に進めるための大きな鍵は、上司だけでなくさまざまな人と信頼関係を築くことです。日頃の言動から、信頼に足る人間であると示していくことで、そのような関係を徐々に築いていくことができます。

具体的には、次のような態度を示すことが大切です。
■責任感が強く、秘密を厳守する
■機転が利き、行動が機敏で正確である
■何事にも意欲を示し、勉強熱心である

2. 機密を守る

(1) 機密事項とは

秘書のように上司の補佐役として仕事をすることになると、機密事項に触れる機会が増えます。機密事項とは他人に話してはいけない情報のことです。

機密事項には主に次のようなものがあります。

■人事情報
■新製品の情報
■新開発の発表をしていない企画
■株に関する情報
■上司のプライベート事項

(2) 機密を守るための行動とは

　近年では情報機器の発達などに伴って機密が漏れやすくなり，大きな問題となっています。機密が漏れてしまうと組織全体にとって大きな損失となります。信用にも関わることですから，十分注意して行動することが大切です。
　機密を守るために交友関係を狭める必要はありませんが，情報の発信源となってしまうことのないよう，以下のような点に気を配ります。
■他人から機密事項について聞かれても，自分はそれを知る立場ではないことをはっきりと示す
■話してよいこと，いけないことを区別して臨機応変に対応する
■機密事項の取り扱いについては，保管から破棄まで注意を払う
■社外（通勤の途中や家庭内など）では，仕事上のことをむやみに話さない
■自分の席を離れる際は，必ず机上の書類を片付けるか裏返す。パソコンのディスプレイはスリープにする
■機密文書はそのまま持ち歩かない
■文書やノートパソコン，記録メディアなどは持ち出さない

第 1 章　必要とされる資質

第 1 節　職業人としての自覚と心構え

1-4 身だしなみ

学習のポイント

①社会人として望ましい服装を理解する。
②身だしなみのチェックポイントを理解する。
③ビジネスに不向きな服装について理解する。

ケース

　新人 A は秘書課に配属された。そこで先輩に秘書としての服装や身だしなみについて尋ねたところ，次のように教えられた。中から不適当と思われるものを一つ選びなさい。

（1）洋服は上着を着たり脱いだりできるスーツがよいが，柄物は避けた方がよい。
（2）履物も含めて服装は動きやすさで選ぶのがよいが，おしゃれの要素も取り入れるとよい。
（3）身だしなみには礼儀作法なども含まれるので，立ち居振る舞いにも気を付けないといけない。
（4）来客に与える秘書の印象は感じのよさが大切なので，髪形や化粧などにも注意をしないといけない。
（5）アクセサリーは自分の好みを大事にしたいところだが，仕事の邪魔になるようなものは着けないのがよい。

ケース解説

　洋服や履物，アクセサリーなどを選ぶ際にまず考えるべきことは，組織における仕事はどのようなものかということです。特に秘書としては，こまごましたことで動くことが多いため，(1) 上着の着脱ができるスーツ，(2) 動きやすさ，(5) 仕事の邪魔になるような物は着けないなどが基本になります。その上で，(3) 身だしなみには礼儀作法なども含まれることに注意し (4) 来客に感じのよい印象を与えるよう (3) 立ち居振る舞い，(4) 髪形や化粧などにも注意を払う必要があります。
　ただ単に実用的で地味なものを選べばよいのではなく，組織の雰囲気に合っているか，上司の補佐役としてそばに立つのにふさわしいかどうかも考えて選択し

ます。よって（1）スーツは柄物であっても，ビジネスの場に適したものであれば着用して構わないのです。

1．望ましい服装

　社会人としてふさわしい服装とは，機能的で清潔感があり，組織のイメージに調和したものです。特に秘書は上司と行動を共にすることが多く，会社の印象を左右することになりますから注意が必要です。基本的にはきちんとしたスーツが望ましいでしょう。以下の点にも気を配りましょう。

2. ビジネスに不向きな服装

　業種や社風により，カジュアルな服装でよい職場も増えています。そのような場合は，よく周囲を観察して，ふさわしい服装を選びます。ただし，組織としての印象を損なわないよう，必要な場面ではきちんとした服装を心がけます。
　以下のような服装はビジネスの場にはふさわしくありません。
■Tシャツ
■ジーンズ
■ミニスカート，ロングスカート
■セーター
■ハイヒールの靴，スニーカー
■派手なアクセサリー

第2節　求められる能力

2-1 処理力と行動力・判断力・記憶力・表現力

学習のポイント

①仕事の処理の基本を理解する。
②上司の補佐役である秘書の仕事の進め方を理解する。
③効率よく仕事を進めるための考え方を身に付ける。

ケース

秘書Aの上司はあまり仕事を指示しないので，Aは日常的な仕事以外は自分から進んではしないようにしている。これに対してAは先輩から，「秘書の仕事の仕方を知るように」と言われた。Aはこれがどのようなことか，次のように考えた。中から不適当と思われるものを一つ選びなさい。

(1) 日常的な仕事でも，よりよくするためにいろいろな工夫をするようにということではないか。
(2) 上司が何をしてもらいたいかを，上司の表情や言動などから察するようにということではないか。
(3) 上司の指示を待つだけでなく，何か手伝うことはないかと聞いてみるようにということではないか。
(4) 先輩に秘書の仕事の仕方とはどのようなものかを尋ね，その中から自分ができそうなことをするようにということではないか。
(5) 上司の指示がないのは日常的なことがきちんとできているからだから，今まで通りの仕方を続けるようにということではないか。

ケース解説

秘書とはいえ，まずは，一人の社会人として積極的に仕事に取り組むことが大切です。上司が指示をしなくても，日常的な仕事以外にもできることから取り組みます。また，上司が仕事をしやすいよう気を配り，自ら何をすべきか判断します。
(1) 日常的な仕事でもよりよくするために工夫をする，(3) こちらから何か手伝うことはないかと聞く，(4) 先輩に仕事の仕方を尋ねてできることからするなどは，自ら考えて動こうという姿勢から生まれます。また (2) 上司の表情や言動から上司のしてもらいたいことを察することは，秘書としては基本中の基本。

経験を重ねるにつれ,このようなことは自然にできるようになってくるはずです。
　(5) 上司が指示をしないのは,それぞれが積極的に仕事に取り組むことを期待しているから。この現状に甘んじることなく,自ら行動力や判断力を磨いていくのが秘書としての仕事の仕方です。

1. 仕事の進め方の基本

　社会人として周囲から信頼してもらうためには,取り組んでいる仕事に対する理解と処理力が求められます。また仕事を処理するとは,さまざまな事柄との兼ね合いを図り調整することでもあります。
　具体的な仕事の処理においては,次のようなことを心がけます。

(1) 自分の仕事は自分で行う

　組織の中では,全ての人が何かしらの仕事を分担して行っています。自分の役割を把握し,他人の手を借りることなく仕事を進めるのが,社会人としての基本です。

(2) 問題点を明らかにし,提案する

　仕事の内容ややり方について疑問や不満を感じたとき,文句だけを述べても物事は改善しないばかりか,周囲からの評価を下げることにもつながります。このようなときは,どのような問題があるのかを明らかにし,改善できるよう提案したり,行動したりします。

(3) 早めに対策を立てる

　組織の中では,さまざまな仕事が同時に進行しており,一つの仕事だけに集中できることはほとんどありません。また,兼務秘書は自分の仕事をしながら上司のサポートもしなければなりません。仕事が重なって大変なときは,上司や先輩に状況を説明し,早めに対策を立てます。

(4) 期限を守る

　どのような仕事にも必ず期限があり,それを守ることは社会人としての基本です。自分一人の遅れではなく,次の段階の仕事にも大きな影響を与えることになるからです。常に仕事の優先順位と進め方を考えておきましょう。

2. 行動力——効率よく仕事を進める

　考えた手順に沿ってアクションを起こし、手際よく仕事を進める力が行動力です。特に秘書は、いつも決まった仕事だけをこなせばよいわけではなく、定型的な業務の合間に発生する突発的な用件についても落ち着いて対処する必要があります。このような仕事は限られた時間の中で対処しなければならないため、効率よく進めていかなければなりません。
　行動力を養うには、次のようなことを心がけます。

(1) 経験を積む

　同じような場面を何度か繰り返すことで対処法が分かってくるように、ある程度、経験を積むことで自信が生まれ、行動力も身に付いてきます。

(2) 日頃から仕事の手順を考えて行動する

　どのような手順で仕事を進めるか、日常的に考えて動くことで自然と行動力が身に付いてきます。具体的に考えるのは次の点です。
- 今すぐできることは何か
- 次に何をするか
- 今日中にしなければならないことは何か
- この仕事はいつまでに終わればよいか
- 二つ以上の仕事がある場合、優先順位はどうなっているか
- 仕事全体の流れはどうなっているか

3. 判断力——的確に判断するとはどういうことか

　組織の一員であるとはいえ、社会人ともなれば自分で考え判断しなければならない場面があります。秘書においてもそれは同様です。仕事上の判断は上司がしますが、日常業務の中には秘書が自分で判断して実行しなければならないことが多々あります。
　的確に判断するために、日頃から次の点を心がけておきましょう。
- 日常業務の中での優先順位を理解する
- 突発的な出来事にも、冷静に対処できるようにする
- 出張や会議の準備などは、スムーズに行えるようチェックリストを作成しておく

同じ仕事を頼まれたとしても，その時々によって状況は異なります。前回と同じ処理方法でよいのか，急いで仕上げなければならないのか，他にも仕事があるがどちらが急いでいるのか。最初のうちは，上司にきちんと確認し間違いのないように進めればよいですが，いつまでたっても上司に確認していたのでは，補佐役の働きとしては不十分です。

今，求められていることは何かを理解し，処理の方法を変更したり，仕事の手順を見直して優先順位を考え直す。このように状況に応じて，的確な判断をしなければなりません。

そのためには次のような態度が必要です。
■どのように処理すれば，よい結果につながるかが分かっている
■上司をめぐる人間関係が頭の中に入っている
■機転を利かせ，機敏に対処する
■問題点は何かを把握する

4．記憶力――上司の代わりに記憶する

「秘書は上司の記憶力である」ともいわれるように，上司は秘書の記憶力を頼りにしています。記憶力のよさは，仕事の効率を高めたり，周囲との人間関係をよくしたりすることにもつながります。記憶しておくべき事柄は，次のようなものです。
■スケジュール
■資料（内容，保管場所など）
■会合（日時，内容，場所，参加者など）
■人（会ったことのある人，取引先，社内の人間関係，上司の個人的な友人など）
■過去に行った仕事（内容，要領，所要時間など）

ただし，間違い等を防ぐために，記憶力だけに頼らず必ずメモを取るよう心がけましょう。メモする際は，指示内容をよく聞き，要点を把握した上で記入します。書き終えたら復唱して確認し，指示を実行した後もメモはすぐに捨てずしばらく取っておきます。

5．表現力――相手に対する配慮

社会人として仕事を進める上で，豊かで適切な表現をすることには大きな意味

があります。相手に好感を与えることができれば，その後の提案や説得がしやすくなり，良好な関係の中で仕事を進められるからです。
　また，仕事の内容や指示を伝達するときには，用件を分かりやすく，正確に表現する必要があります。これは間違いを減らし，効率よく仕事をすることにもつながります。
■「何を」「誰が」「いつまでに」などの要点を押さえる
■感じのよい言葉遣い，話し方，表情を心がける

第1章　必要とされる資質

第2節　求められる能力

2-2 理解力・対人関係能力

学習のポイント

①上司の意向を推察し，理解する力を身に付ける。
②求められる作業にすぐ対応できるよう日頃から準備を心がける。
③上司と周囲とのパイプ役としての自覚を持つ。

ケース

秘書Aは上司から，「もう少し気を利かせてもらいたい」と注意された。そこでAは，気を利かすとはどのように仕事を行うことか，次のように考えた。中から不適当と思われるものを一つ選びなさい。

(1) 日常的な業務は，上司の指示を待たずに行うことではないか。
(2) 秘書業務は隣の部署の秘書と相談しておき，自分も同じようにすることではないか。
(3) 上司の指示を受けて行う仕事は，それに付随する仕事も含めて行うことではないか。
(4) 上司の行動や期待することを察するようにし，それに合わせた手助けをすることではないか。
(5) 上司が関心を持つと思われる情報を収集し，いつでも提供できるようにしておくことではないか。

ケース解説

　秘書は上司に合わせて仕事の手助けや身の回りの世話をします。上司が仕事をしやすいよう補佐するのであり，(1) 日常的な業務は上司の指示を待たずに行う，(3) 指示された仕事に付随する仕事も含めて行うなどは，言われなくても行うべき気の利いた対応です。
　また，上司の(4) 行動や期待すること，(5) 関心を持つと思われる情報を理解し，それに対する行為や資料をすぐに提供できるようにすることも，気の利いた行動だといえます。気を利かす，とはつまり相手のことを理解することでもあります。
　このように考えると，こちらの上司と隣の部署の上司とでは，別の考え方をし，別の関心を持っています。(2) 隣の部署の秘書と相談して同じようなサポートをすることは，「上司」に合わせた気の利いた行動とはいえないのです。

1. 理解力——上司の意向を推察する

　補佐役である秘書は，自ら進んで上司の手足にならなければなりません。指示される作業をこなすだけではなく，上司の仕事をよく理解し，次の作業を予測するのです。
　上司の仕事をより深く理解するためには，常日頃からよく観察しておくことが大切です。具体的には，次の点に注意します。
■上司の最優先課題は何か
■上司の関心事は何か
■上司の人間関係はどのようになっているか
■上司の仕事の進め方の癖はどうか
　このようなことから上司の意向を推察したら，それを実現できるように迅速に対応する必要も出てきます。求められるであろう資料などは分かりやすく整理し，すぐに渡せるようにしておくなど，準備を怠らないようにしましょう。

2. 対人関係能力——パイプ役となる秘書

　組織に属していると，多くの人と関係しながら仕事をしていくことになります。社内の人，社外の人を問わず，周囲の人々との良好な人間関係は，仕事を円滑に進めるための基礎です。

（1）社内の人への対応

　同じ会社の人間であっても，その対応をおろそかにしてはいけません。特に秘書は，自分の対応が上司の信用や評判を左右することを意識しておきましょう。
①上司の上役への対応
　上司の上役からの要求は，最優先課題です。特に，社長や会長からの指示は何をおいても優先します。
②上司の同僚への対応
　上司の同僚には，失礼のない対応を心がけます。上司との関係がどうであろうとも，仕事上は公平に付き合います。また，いつかその人の秘書として配属されるかもしれないという可能性も頭に置いておきます。
③上司の部下への対応
　上司の部下はあくまでも「上司の」部下であり，秘書自身の部下ではないこと

を理解しましょう。言葉遣いには十分気を付け，横柄な態度をとらないように気を付けます。

(2) パイプ役としての秘書

秘書には，上司と関連する人との「パイプ役」であることが求められます。上司がよりよい人間関係を維持していけるようにすることは，秘書として大切な務めです。

①秘書自身がよい人間関係を築く

パイプ役となるためには，秘書自身がよい人間関係を築けていなければなりません。日頃からそのことをよく理解して周囲の人と接します。

②聞き上手になる

上司にとって有益な情報は，さまざまなところにあります。どのような相手にも真剣に耳を傾け，社内外の事情に明るくなるよう心がけます。

また，時には上司の愚痴や自慢話を聞くことも大切です。「大変ですね」「素晴らしいですね」など，差し障りのない程度でうなずきながら聞くようにします。

③正確に伝達する

知り得た情報などは，正確に上司に伝えます。適切なタイミングを見計らって報告するよう気を付けます。

④周囲の理解を得る

上司の考えや行動を理解してもらえるよう，機会を見つけて周囲の人に伝えるようにします。

過去問題チェック

[1] 次は新人秘書Aが,秘書として心がけなければならないこととして先輩から指導されたことである。中から<u>不適当</u>と思われるものを一つ選びなさい。　　　　（3級）

(1) 仕事が重なったときは,急ぐものを先に処理すること。
(2) 仕事は正確にしないといけないが,期限を守ることも重要である。
(3) 上司から指示があったら先輩に伝え,先輩の承諾を得てから取りかかること。
(4) 来客の応対をするときは,明るく親しみやすい印象を与えるように振る舞うこと。
(5) 上司から私的なことを頼まれたときは,それも秘書の仕事として他の仕事と区別せずに行うこと。

[2] 秘書Aの上司には持病がある。次はAが,上司の持病に対して備えていることである。中から<u>不適当</u>と思われるもの一つ選びなさい。　　　　（3級）

(1) 上司の健康保険証の番号を控えている。
(2) 上司の主治医の電話番号を控えている。
(3) 主だった来客には上司の持病を知らせている。
(4) 救急の医療機関に連絡が取れるようにしている。
(5) 上司が飲んでいる薬の効能と用法について把握している。

[3] 秘書Aは他部署の秘書Bから相談された。「上司が代わった。前の上司は何事も大ざっぱだったが,新しい上司は秘書を使うのが初めてということもあり,細かいことまで気にする。資料作成などにも時間がかかり何かとやりにくい。どうすればよいか」というものである。このような場合,AはBにどのようなことを言うのがよいか。次の中から<u>不適当</u>と思われるものを一つ選びなさい。　　　　（2級）

(1) 時間がたてば新上司の性格に慣れて,気にならなくなるのではないか。
(2) 新上司は秘書を使うのが初めてということなのだから,少し様子を見たらどうか。
(3) 秘書は上司に合わせて仕事をしなければいけないのだから,仕方がないのではないか。
(4) 機会を見て新上司に前上司の指示の仕方を話してみたら,参考にしてくれるかもしれない。
(5) 資料作成などに今までより時間がかかるというなら,それを見込んだ計画を立てればよい。

[4] 秘書Aは先輩から,人によい感じを持ってもらうための態度や振る舞いについて次のように教えられた。中から<u>不適当</u>と思われるものを一つ選びなさい。

(1) 表情は明るく笑みをたたえているように心がけ,きびきびした行動をとるようにすること。
(2) ただの顔見知り程度の人であっても,出会ったときはこちらから積極的に明るくあいさつすること。

(3) 服装が整っていると態度や振る舞いもきちんとするものなので，身なりを整えるように気を使うこと。
(4) 態度や振る舞いで相手との関係はよくも悪くもなるものなので，どのような相手にも丁寧に対応すること。
(5) 後輩と話をするときの返事や相づちは，テンポをゆっくりするようにしてこちらが先輩であることを意識させること。

[5] 新入社員の秘書Aは，先輩たちがAの服装についてうわさをしているのを耳にした。先輩たちはカジュアルな服装で仕事をしているのに，Aがスーツを着ているからのようである。このことについてAはどのような対応をするのがよいか。次の中から**適当**と思われるものを一つ選びなさい。　　　　　(3級)

(1) 他部署の同期の人たちの服装も参考にし，しばらく様子を見ることにする。
(2) 上司にうわさのことを話し，カジュアルな服装で仕事をしてもよいか指示を得る。
(3) 仕事をするときの服装はスーツが基本と学生時代に教わったので，うわさは聞き流す。
(4) 仕事をきちんとしていれば服装はどちらでもよいので，うわさは気にしないようにする。
(5) 服装は業種や社風によって決まるのだから，長く居る先輩にどのようにしたらよいか教えてもらう。

[6] 秘書Aは先輩から，「あなたは何事も時間をかけて丁寧にしている。その心がけはよいが状況に合わせた行動をすることも必要」と言われた。次はこのことについてAが考えたことである。中から不適当と思われるものを一つ選びなさい。　　　　　(3級)

(1) 相手を待たせているときは，丁寧さも大事だが早くすることも必要なのではないか。
(2) 上司が忙しそうにしているときの報告は，なるべく早口で時間をかけない方がよいのではないか。
(3) 以前と同じ仕事を指示されたときは，丁寧さに加えて効率も考えた仕方が求められるのではないか。
(4) 応対の丁寧さはいつも同じである必要はなく，よく来る客には手軽でよいこともあるのではないか。
(5) 用があって他部署へ行ったときの振る舞いは丁寧にするが，行くまでは速足で歩くのがよいのではないか。

[7] 秘書Aの上司（部長）が課長と打ち合わせ中，上司の友人という人から電話で，「すぐに知らせたいことがあるが，上司はいるか」と言われた。Aは上司から，重要な打ち合わせなので電話は取り次がないようにと言われている。このようなことにAはどのように対処すればよいか。次の中から不適当と思われるものを一つ選びなさい。　　　　　(2級)

(1) 上司は打ち合わせ中なので取り次げないと言って用件を尋ね，終了予定時間を言って電話を切る。

(2) 上司は打ち合わせ中なので電話に出られないと思うがと言って待ってもらい，上司に知らせて指示を得る。
(3) 上司は打ち合わせ中で取り次がないように言われているがすぐ伝えると言って，連絡先を聞いて電話を切る。
(4) 上司は打ち合わせ中と話して時間はどれくらい必要かと尋ね，そのまま待ってもらい上司に知らせて指示を得る。
(5) 上司は打ち合わせ中だがメモを入れるので用件を教えてもらえないかと尋ね，そのまま待ってもらい上司の指示を得る。

[8] 秘書Aは，顧問のF氏が逝去したことと葬儀の日時などを社内メールで知った。上司とF氏はゴルフ仲間で個人的にも親しかった。そこへゴルフ仲間の幹事から有志で花を贈るという連絡があった。上司は海外出張中で葬儀には参列できない。次はこれらのことに対するAの一連の対応である。中から**不適当**と思われるものを一つ選びなさい。　　**(2級)**

(1) 総務部に，F氏逝去に対して会社としてはどのように対応するのかを尋ねた。
(2) 上司の家族に，F氏逝去に関する事柄を伝え上司にも連絡すると伝えた。
(3) ゴルフ仲間の幹事に，花を贈ることに上司も加えてもらいたいと頼み，費用は後で送金すると伝えた。
(4) 喪主に，上司は出張中で葬儀に参列できないことを電話でわび，ゴルフ仲間で花を贈ることを伝えた。
(5) 出張先の上司に，F氏逝去に関する事柄や関連して行ったことをメールで知らせた。

[9] 秘書Aの上司は友人と電話で話している。話の内容から，上司がよく利用している店で今夜食事をする約束をしているようである。このようなとき，Aはどのように気を利かせたらよいか。次の中から**適当**と思われるものを一つ選びなさい。　　**(3級)**

(1) 予約が必要なら自分がしようか，とメモで尋ねる。
(2) その店に連絡し，席が空いているか確認しておく。
(3) 何か指示があるかもしれないので，上司のところへ行って控えている。
(4) 友人に店の電話番号を知らせるかもしれないので，メモして持っていく。
(5) 指示があったらすぐに予約できるよう，電話番号を分かるようにしておく。

[10] 秘書Aの上司（営業部長）は，「ちょっと私用で銀行に行ってくる。そう遅くはならないと思う」と言って出かけている。そこへ経理部長から電話があり，「先月の売り上げについて，営業部長に確認したいことがある」と言われた。このような場合Aは，経理部長にどのように対応すればよいか。次の中から**不適当**と思われるものを一つ選びなさい。　　**(2級)**

(1)「上司はちょっとと言って外出して

いる。戻り次第連絡するので少し待ってもらえないか」と頼む。
(2)「上司は外出しているが、売り上げなら課長が分かると思う。よければ課長に代わろうか」と言う。
(3)「上司は出かけているが、そう遅くはならないと言っていた。戻ってからでも間に合うか」と尋ねる。
(4)「上司はちょっと私用で銀行に行くと言って外出している。戻ったら連絡するがそれでよいか」と言う。
(5)「上司はそう遅くはならないと言って外出したが、出先の状況次第では時間がかかるかもしれない。どうするか」と尋ねる。

第 2 章

職務知識

第 1 節　秘書の機能

秘書は上司が本来の業務に専念できるようさまざまな手助けを行います。この関係を理解した上で，秘書が担当する定型業務，非定型業務の具体的な内容について学びます。

第 2 節　仕事の進め方

秘書が円滑に仕事を進めるためには，さまざまな心がけが必要です。効率的な仕事の進め方や，上司との連携の取り方，失敗したり注意を受けた際の心がけについて学びます。

第1節　秘書の機能

1-1　秘書の役割

学習のポイント

①上司と秘書との関係について理解する。
②スタッフとしての秘書の機能を理解する。
③秘書の職務限界を知る。

ケース

　営業部のAは部長秘書を兼務することになった。次はそのとき前任のCから教えられたことである。中から<u>不適当</u>と思われるものを一つ選びなさい。

（1）秘書の仕事は上司の手助けだから，何事も上司の意向に沿うようにしないといけない。
（2）秘書の仕事をしていると会社の内部事情を知ることがあるが，営業部員には隠さないこと。
（3）秘書の仕事をしていないときは営業部員だから，営業部員としての仕事をしないといけない。
（4）秘書の仕事をしていると他部署のことが分かることがあるが，興味本位に口外はしないこと。
（5）部員から上司の予定を尋ねられたら，すぐに答えられるようにスケジュールを把握しておくこと。

ケース解説

　秘書課に所属する秘書に対し，上司と同じ部署に所属し，自分自身もその部門の仕事をしながら秘書の仕事もする人を兼務秘書といいます。Aが(3)秘書の仕事をしていないときは営業部員であるように，部門の一員として仕事をするという本分を忘れてはいけません。
　しかし，兼務であっても秘書であることに変わりはありません。秘書として(1)上司の手助けとして，上司の意向に沿うのが職務であり，(4)他部署のことが分かっても興味本位に口外しない，(5)上司のスケジュールを把握しておくなど，基本的な態度は同じです。
　職務上，会社の内部事情を知る機会があっても他人には話さないのがルール。

(2) 営業部員には隠さないなどの例外をつくるのは不適切な態度です。

1. 秘書の役割とは

　秘書は上司を手助けするスタッフであり，上司が本来の仕事に専念できるよう，こまごまとした雑務を処理します。秘書が行うのは電話の取り次ぎ，スケジュール管理，文書作成，上司の身の回りの世話などです。上司の期待に応えるよう，日常的業務に取り組むことが求められています。
　仕事を円滑に進めていくために，秘書は上司に対して信頼と尊敬の念を持って接することが大切です。

2. さまざまな秘書の分類

(1) 所属部門による分類

　補佐する上司の数や所属部門の性格によって，秘書の位置付けは異なります。主に以下のような分類があります。

名称	上司の数	所属部門	特徴
個人つき秘書	上司が一人	――――	どの部門にも所属せず，個人に専属する秘書
秘書課秘書	上司が複数	トップマネジメント	直属の上司は秘書課長
兼務秘書		ミドルマネジメント	上司と同じ部門に所属することが多い。その部門の本来の仕事を担当しながら，部長や課長を補佐する
チームつき秘書		プロジェクトチームや研究部門などのチーム	チームの運営を円滑にするために，チーム全体をカバーする

(2) 事業別の分類

　一般の企業だけでなく，秘書はさまざまな業種で働いています。
■公務員関係……大臣や高官の秘書，部局長・課長の補佐，都道府県知事の秘書，国会議員秘書
■自由業や専門職……弁護士や医師の秘書，公認会計士・税理士などの秘書，作家やタレントの秘書，大学教授の秘書
■外資系商社や大使館……支店長秘書，外交官秘書
■一般企業……秘書課に所属する秘書，兼務秘書など

（3）機能による分類

担当する業務のレベルによっても秘書は以下の二つに分類できます。
- 直接補佐型秘書（上級秘書）……参謀型秘書とも呼ばれ，上司への影響力が大きい。ブレーンとして専門的知識を持ち，意見を述べる
- 間接補佐型秘書（一般秘書）……副官型秘書とも呼ばれる。多くの秘書がこれに該当する。上司の身の回りの世話など，間接的な補佐を業務とする

3．上司と秘書の関係

　上司は，企業活動に直接関わる経営管理（マネジメント）を行っています。各種の情報を的確に把握・分析し，経営に有利で合理的な手段を選択して，組織としての意思決定を行うのです。このようにして組織の期待に応えるだけでなく，決定した方針やその結果に対して，自ら責任を負う立場でもあります。

　このような業務を行う際に，上司は担当する仕事を進めるために必要な手助けを秘書に求めます。秘書の働きは上司の仕事の成果に直結しているといえるでしょう。ただし，秘書ができるのはあくまでも限定的な補佐業務であり，上司の代わりに意思決定や決裁業務をしたり，会議に出席することはありません。

　近年では，自分の仕事を持ちながら上司の補佐をする兼務秘書が増えていますが，秘書課に所属する秘書もいます。秘書課において秘書課長などの直属の上司がいる場合でも，まず秘書としてつく上司の指示に従います。

4．秘書の基本的な態度

（1）自己流の解釈で行動しない

　秘書が自分勝手に解釈して行動したり，感情によって行動を歪めたりすると，思わぬところでトラブルが起こることがあります。特に以下のような行動は，結果的に上司の不利益になることもあるため，避けた方がよいでしょう。
- 嫌な仕事を後回しにする
- 雑務だからといって軽視する
- 気に入らない人に情報を伝えない
- 憶測に基づいて行動する

(2) 日常的に行う業務以外の仕事は上司の指示や許可を得て進める

　仕事の進め方がある程度決まっている日常的な業務の遂行については，あらかじめ上司の意向を聞いておき，秘書が自ら判断して進められるようにします。
　しかし，それ以外の突発的な業務は，秘書が勝手に判断して進めてよいものではありません。緊急度や重要度などに応じて，その都度上司の判断を仰ぎます。

(3) 上司が不在のときは事情が分かる人に相談する

　上司が出張や会議で不在の場合もあります。上司が不在にもかかわらず仕事上の判断をしなければならないときは，上司のすぐ下の役職の人や，仕事内容が分かる人に相談して指示を仰ぎます。

(4) スタッフとしての範囲を越えない

　秘書は一人のスタッフとして，その職務権限内において上司を補佐します。スタッフとしての立場をわきまえ，その中で最善を尽くします。
　次のようなことは越権行為に当たります。
■無断で上司の代理として行事に参加する
■取引先の祝い事への贈答を無断で秘書の名前で行う
■上司に無断でスケジュールを変更する
■上司に無断で面会予約をする
■上司の留守中に部下に指示をする
■上司の留守中に決裁書類，稟議書類などに押印する

(5) 上司への進言

　意見を求められない限り，秘書が上司に対して忠告や進言をすることはありません。ただし，例外もありますので，以下のような点には注意しておきましょう。
■健康・食事・服装については，失礼にならない言い方で進言してもよい
■上司の勘違いや単純ミスに気付き，それが仕事に影響を及ぼしそうなときは，言い方に気を付けながら進言する
■上司から意見や感想を求められたら，「私としては」と一言添えて述べるようにする

第1節　秘書の機能
1-2 定型業務

学習のポイント

①秘書業務の実際について理解する。
②仕事の中心となる定型業務の内容について理解する。
③具体的な仕事内容を理解し，実践的に対応できるようにする。

ケース

次は秘書Aが，秘書の仕事として行っていることである。中から不適当と思われるものを一つ選びなさい。

(1) 上司が出張する際の日程表は，上司の意向を尋ねながら作成している。
(2) 上司の仕事を軽減するため，初めての来客は上司の代わりに対応している。
(3) 上司の社外活動に関する連絡やスケジュール調整は，上司に確認しながら行っている。
(4) 上司がパーティーなどでスピーチするときの原稿は，必要なことを調べて作成している。
(5) 上司宛てのダイレクトメールは，内容を見て上司に必要と思われるものだけを渡している。

ケース解説

秘書は，上司が本来の業務に専念できるようさまざまな業務を担当しています。
秘書が日常的に行う主な仕事は，ある程度，処理の方法が決まったものです。例えば (1) 出張の日程表の作成，(3) 社外活動に関する連絡やスケジュール調整といった身の回りの世話，(5) ダイレクトメールの選別など上司の雑事，(4) パーティーなどでのスピーチ原稿の作成のような手伝える範囲での仕事の補佐がこれに当たります。
来客との面談は，上司の本来の業務です。初めての来客だからといって (2) 上司の代わりに対応することはありません。

1. 定型業務とは

　秘書の担当する業務は非常に幅広く，細部に及んでいるのが特徴です。その中で，内容がある程度決まっているものを「定型業務」と呼びます。日常的に定型業務を行うことで，秘書は上司の補佐的役割を担っています。第4章，第5章で詳しく解説しますが，どのような定型業務があるか見ていきましょう。

2. さまざまな定型業務

(1) 日程管理（p.176～参照）

　上司の日程管理は秘書として重要な仕事です。多忙な上司のスケジュールを確認し，来客の予定を入れたり，予定の追加，変更を行います。
■アポイントメント（面会予約）の取り次ぎ
■予定表の作成と記入
■予定の変更に伴う調整
■予定の確認

(2) 来客応対（p.112～参照）

　アポイントメントのある来客を迎え，応接室に案内し，茶菓で接待します。見送るまで，きちんと丁寧に応対します。
■来客の受付と案内
■来客への接待（茶菓のサービスなど）
■見送り

(3) 電話応対（p.105～参照）

　上司にかかってくる電話の応対，上司が電話をかける際の取り次ぎをします。上司が不在の場合には，状況などを考慮した上で機転を利かせて対応することが求められます。
■上司あての電話の応対
■上司からかける電話の取り次ぎ
■各種問い合わせや連絡の処理

(4) 出張事務 （p.178〜参照）

　上司の出張に関わる手続きをします。以下のような業務以外に，出張先でお世話になった方へのお礼状の代筆をすることもあります。
■宿泊先の選定と予約
■交通機関の選定と切符の予約
■旅程表の作成
■関係先との連絡および調整
■旅費の仮払いと精算手続き

(5) 環境整備 （p.180〜参照）

　上司が滞りなく本来の業務を行えるよう，オフィスの環境を整え，備品の補充をします。
■上司の執務室，応接室の清掃・整備
■照明，換気，温度調節，騒音の防止など
■備品・事務用品の整理・補充

(6) 文書事務 （p.147〜参照）

　ビジネスにおいては日々さまざまな文書が行き交います。作成，受発信だけでなく，管理も秘書の仕事です。
■文書作成，文書清書
■パソコンの操作
■社内・社外文書の受発信事務
■文書・資料のファイリング

(7) 会議・会合の業務 （p.138〜参照）

　秘書は上司が主催する会議の準備や当日の世話，終了後の作業を行います。
■会議の準備と受付
■開催案内状，資料の作成と配布
■会議当日の接待
■議事録の作成

（8）交際業務（p.122〜参照）

　秘書は上司が関係する取引先や，所属する団体など，さまざまな相手との交際業務を代行します。
■冠婚葬祭に関する手配
■中元・歳暮などの贈答品の手配

（9）経理事務

　秘書は，上司に関わるさまざまな経費の処理を行います。
■経費の仮払いと精算
■諸会費の支払い手続き

（10）情報管理（p.171〜参照）

　多忙な上司に代わり，必要な情報を管理します。状況に応じて必要な情報を提供できるよう，日頃から資料などもきちんと整理しておくことが大切です。
■社内外からの情報収集
■情報の伝達
■資料整理

（11）上司の身の回りの世話（p.11〜参照）

　秘書は上司から，公私にかかわらずさまざまな仕事を依頼されます。上司は多忙であることを理解し私用を代行することも，上司が本来の仕事に専念できる環境を整えるには必要なことです。
■自動車の手配
■お茶や食事の手配
■上司の健康状態への配慮
■嗜好品，常備品の購入
■上司の私的な交際の世話
■上司の私的な出納事務

第 1 節　秘書の機能

1-3 非定型業務

学習のポイント

①非定型業務について理解する。
②予定外の事態にも冷静に対処することを学ぶ。
③判断力を養うことで力を発揮できることを理解する。

ケース

　営業部長秘書Ａの上司は，今日は午前中取引先を訪問し午後から出社する予定である。そこへ総務部長から，「私の代わりに部長に行ってもらいたい所があるのだが」という連絡があった。このような場合Ａは，総務部長にどのように対応するのがよいか。次の中から不適当と思われるものを一つ選びなさい。

(1)「上司の出社は午後からだが，何時ごろまでに返事をすれば間に合うか」と尋ねる。
(2)「上司は外出していて出社は午後からだが，それからでは間に合わないか」と尋ねる。
(3)「出先の上司に連絡が取れるので，どこに行くのか教えてもらえれば連絡してみるが」と言う。
(4)「上司は外出しているので，急ぐようなことだったら他の人に頼んだ方が無難かもしれない」と言う。
(5) どこに行くのか尋ね，「午後，上司が出社したらすぐに確認して連絡をするがそれでよいか」と言う。

ケース解説

　上司が不在にしているときにも，突発的な事態が起こることがあります。それに対して秘書は，状況を総合的に判断し，機転を利かせて対応しなければなりません。
　この場合は，他部署の部長がわざわざ「代わりに行ってもらいたい」と言うのですから，Ａの上司がその役目として適任であるということ。引き受けられるように手だてを講じる必要があります。上司は外出しているのですぐに相談することはできませんが，(1) 何時までに返事すれば間に合うか，(2) 午後になるがそれでは間に合わないかを確認したり，(3) 行き先を尋ね，出先の上司に連絡を取る，(5) 行き先を尋ね，上司が出社したら確認して連絡するといった提案をす

るなど，冷静な対応が求められます。
(4) 急ぐなら他の人に頼んだ方が無難などと言うのは，状況を理解できていないことになります。

1．非定型業務とは

　日常的に行う定型業務以外にも，臨機応変に対応しなければならない場面が多々あります。これを「非定型業務」と呼びます。上司や周囲の状況に応じて，判断や確認，連絡などの対応を取らなければならないため，いかなるときも常に冷静に対処できるよう，日頃からの心構えが大切です。

2．さまざまな非定型業務

(1) 予定外の来客

　予定外の来客への応対は非定型業務の一つです。上司の状況を考慮し，まずは取り次ぐかどうかの判断をします。
■上司に取り次ぐかどうかの判断をする
■緊急度を確認する
■予定外の来客であっても感じのよい応対をする

(2) 急な出張・残業

　仕事の進み具合やその他の業務の都合によって，急に出張や残業をする状況になることもあります。既に決まっている予定との調整を行います。
■スケジュールの調整をする
■連絡先の確認
■緊急度や状況に応じた処理をする

(3) 上司の急病，交通事故

　執務中に上司が急病になった場合は，近くの病院に連絡するか救急車を手配し，自宅と会社に状況を報告します。上司の主治医の連絡先を控えておいたり，応急処置を学んでおくことは秘書としての心得の一つです。
■自宅，あるいは会社に連絡する
■主治医に連絡する

■応急処置をする
■スケジュールの調整をする
■交通事故の場合，軽い事故なら運転手に任せ，大きな事故なら会社の顧問弁護士に相談する

(4) 災害時

　地震や火事などの災害時に慌てず対処するためには，避難方法や経路などを日頃から確認しておく必要があります。災害が起こったら，来客や上司，また自らの安全を第一に考えて行動します。
■来客を優先し避難の誘導を行う
■人命を尊重する
■重要品を持ち出す

(5) その他

　その他にも突発的な事態は多々あります。いずれにしても，秘書として，また組織の一員としてどのように対処するのがよいか，日頃から上司や周囲の状況をよく観察し，判断力を養っておきましょう。
①**盗難にあったとき**
■上司，総務部に連絡する
■被害の確認をする
■警察へ通報する
②**不法侵入者**
■強引なセールスに対処する
■不意の陳情者に対処する
■脅迫や暴力行為に対処する
■場合によっては警備部門や警察に連絡する

第 2 章　職務知識

第 2 節　仕事の進め方
2-1 効率的な仕事の進め方

学習のポイント

①効率よく仕事を処理することを学ぶ。
②優先順位を決めて処理することを学ぶ。
③仕事の標準化，定型化の効用を理解する。

ケース

　営業部で部長秘書を兼務している A は，昼間は部員が出払ってしまうため頼まれ事をされる。今朝も次の①②③のことをこの順に頼まれた。このような場合 A は，どのように考えて処理していくのがよいか。下の中から**適当**と思われるものを一つ選びなさい。
　①係長からで「夕方取引先に持っていく見積書のワープロ打ち」
　②課長からで「明日の出張に持っていくカタログ一式の用意」
　③部長からで「午後 1 時から行われる会議の資料のコピー」

(1) 頼まれた順序通り取りかかるのが公平なので，①，②，③の順にする。
(2) 職位の高い人ほど重要な仕事をしているので，③，②，①の順にする。
(3) 時間的に急ぐものから取りかかるものなので，③，①，②の順にする。
(4) 時間のかからないものからがやりやすいので，②，③，①の順にする。
(5) 難しいと思われるものからだと後が楽なので，①，③，②の順にする。

ケース解説

　仕事の内容によって処理に掛けられる，処理に必要な時間が異なります。滞りなく仕事を進めるためには，優先順位を付けて処理していくことになります。
　優先順位の付け方にはさまざまな方法がありますが，(3) 時間的に急ぐものから取りかかるのが基本です。
　(1) 頼まれた順序通り，(2) 職位の高い人の順では，いつまでに処理する仕事かを全く考慮していないことになります。また，(4) 時間のかからないものからでは最後に行き詰まって時間が足りなくなってしまうかもしれませんし，(5) 難しいものからでは最初に行き詰まってしまうかもしれません。
　求められているのは，幾つもの仕事を指示された時間内にきちんと処理するこ

と。これを踏まえて，どのようにすればよいか常に考えておきます。

1．合理的な仕事の進め方とは

仕事を行う際には，どのような手順で進めるか，あらかじめ計画を立てて取りかかります。しかし，ビジネスにおいて，計画通りに進むことはほとんどありません。忙しい時期とそうでない時期があり，一日の中でも仕事が集中する時間があるからです。そのような中でも，ある程度その状況を予測し，効率よく仕事を進める方法を身に付けておきたいものです。

（1）優先順位を決める

仕事が集中したときでも，優先順位を決めて取りかかれば無理なく処理することができます。優先順位は緊急度，重要度，時間の制約などを総合的に考えた上で判断します。

ただし，優先順位を誤ると仕事の進行に支障を来すこともあるため，判断に迷う場合は独断せず，上司に確認します。

（2）時間配分を考える

指示された仕事を進めていると，上司から終了時間を尋ねられることもあります。最初から「○時までに」「○日の朝までに」など仕事の締め切りが決まっていることもあります。日頃から自分自身の処理能力を把握しておき，作業時間がどのくらい必要か見当をつけることを習慣付けておくとよいでしょう。

（3）マネジメントの視点から考える

ビジネスにおいては，仕事の段取りや計画，コスト，時間などを総合して考えるマネジメントの意識はとても重要です。特に上司の補佐役である秘書は，自身の働きが上司の仕事に大きな影響を与えます。どのくらい貢献できたかを常に考え，終わった仕事についても振り返りをします。

2. 仕事を標準化する

　日々の業務を，一定の流れに沿って標準化すると，効率よく処理することができます。また，漏れも防ぐことができます。以下は代表的な例です。
①繰り返し使う文書のフォーム化
　パソコンでフォーム（ひな型）を作成しておきます。
②出社時・退社前のチェック項目をリストアップ
　翌日の予定表を確認する，翌日の仕事の手順を考える，部屋の片付けをする，ロッカーなどに鍵をかける，OA機器の電源を切る，上司の忘れ物がないかチェックする，火の始末や戸締まりを確認するなどの項目でリストを作成します。
③出張時の手配事項をリストアップ
　宿泊先，切符，仮払い，精算，お礼状などの項目でリストを作成します。

3. 空き時間を有効に活用する

　時間に余裕ができたら，手が付けられなかった仕事を処理します。
■書類や資料の整理
■名刺の整理
■住所録や名簿などのチェック，修正
■新聞や雑誌のスクラップなど

第 2 節　仕事の進め方

2-2 指示の受け方, 報告・連絡・相談の仕方

学習のポイント

①上司からの指示の受け方を理解する。
②「報告・連絡・相談」の大切さを理解する。
③効果的な「報告・連絡・相談」の仕方を学ぶ。

ケース

次は秘書Aが, 上司からの指示を速く的確に受けられるよう心がけていることである。中から<u>不適当</u>と思われるものを一つ選びなさい。

(1) 指示を受けるときは, 上司の言っていることを全部メモするようにしている。
(2) メモ用紙と筆記具は, 呼ばれたらすぐ持っていけるようにいつも机上に置いている。
(3) 上司が使うことの多い用語は記号などを決めておき, メモが速く取れるようにしている。
(4) 呼ばれたらすぐに上司の方を向いて返事をしながら立ち上がり, 上司の所に行っている。
(5) 指示は受け終わったら要点を復唱し, 特に日時や数字などは必ず確認するようにしている。

ケース解説

多忙な上司は秘書に対してさまざまな仕事を指示します。

まず, 上司に呼ばれたら (4) すぐに上司の方を向いて返事をしながら立ち上がり, 上司の所に行くようにします。その際には (2) メモ用紙と筆記具を持っていきます。これらは, すぐ手に取れるように (2) いつも机上に置いておくようにします。指示の内容が終わったら (5) 要点を復唱します。特に注意すべきなのは (5) 日時や数字など。これを間違えると大きな失敗につながってしまうことがあるからです。

上司の指示を聞く際には (3) メモを取るようにします。あらかじめ (3) 上司がよく使う用語は記号などを決めておくことは, 速く対応するための一つの工夫です。

メモとは，指示の内容を忘れないよう，また間違えないよう要点を書き留めるためのもの。(1) 上司の言っていることを全部メモするのでは，無駄が多く，速く的確に対応することができません。

このように，上司の指示に速く的確に対応するためには，日頃からの心構えが必要になってきます。

1．指示の受け方

秘書は，上司からの指示を受けて仕事を進めることになります。上司に呼ばれたら次のように行動します。
① 明るく「はい」と返事をする
② メモ用紙と筆記用具を持つ
③ 上司のそばに行く
④ 上司が指示の内容を説明したら，よく聞いてメモを取る
⑤ 説明が終わったら，復唱して内容を確認する。特に数字（日時や金額など）や固有名詞は念を押して確認する
⑥ 不明点があれば質問する

2．報告・連絡・相談の仕方

(1) 報告・連絡・相談の意味

指示を受けて仕事をする際に大切なのが「報告・連絡・相談」です。頭文字をとって「ホウ・レン・ソウ」ともいわれています。

報告は，指示された仕事，任された仕事が終了したときに，そのことを伝えることです。報告を行うことで一連の仕事の締めくくりとなります。

連絡は，上司と秘書だけでなく，関係者間で緊密な関係を築くために行います。ビジネスでは一つの仕事に多くの人が関わっているため，スケジュールや仕事の分担などを連絡し，確認をしながら進めないと思わぬ行き違いを生むこともあるからです。

相談は，仕事を行う上でどうすればよいか迷う場合に，判断を仰ぐために行います。特に経験が浅いうちや，重大な問題に直面した場合は，自分で判断できないことも多くあります。取り返しのつかないことになる前に，早めに相談することが大切です。

いずれにしても、あらゆることを報告・連絡・相談すればよいというものではありません。上司は多忙であることを理解し、報告・連絡・相談しようとする内容をよく把握した上で行います。

(2) タイミングを計る

「報告・連絡・相談」で上司に声をかける際は、今すぐしなければならないか、後でもよいか、そのタイミングを計らなければなりません。

タイミングは、上司の状況と内容の緊急度や重要性によって判断します。急ぎで重要な内容であれば一刻も早く報告、連絡しなければなりません。相談についても、不明なままでは仕事が進められないのであれば、できるだけ早く尋ねます。

後でもよい内容であれば、上司が忙しいときを避けて声をかけます。

指示を受けて行った仕事が終わった際や、予定よりも時間がかかりそうなとき、長時間かかった仕事の見通しがついたときなどは、上司に求められる前に経過の報告や相談などを行います。

(3) 分かりやすく、正確に伝える

「報告・連絡・相談」の際には、内容が正確に伝わるように、以下のことを心がけます。
■話す内容を把握し、あらかじめ筋道を立てておく
■要領よく簡潔にまとめる
■結論を先に述べ、その後で理由・経過を説明する
■事実をありのまま伝える
■勝手な解釈や憶測はしない
■具体的に話す
■感情移入を避ける（形容詞や副詞を使わない）

第2章 職務知識

第2節 仕事の進め方
2-3 失敗への対処と注意の受け方

学習のポイント

①失敗したときの対処について理解する。
②注意の意味を理解する。
③注意を受けるときの心構えを理解する。

ケース

　秘書Aが電話に出ると取引先G社からで，ファクスが間違って届いていると言う。取引先E社へ送ったつもりが間違えたらしい。内容は誰に見られても差し支えのないものである。このような場合，AはG社にわびた後どのように対処すればよいか。次の中から**適当**と思われるものを一つ選びなさい。

（1）手数をかけるが破棄してもらえないかと頼む。
（2）ファクスの破棄を頼み，後で丁重なわび状を送る。
（3）手数をかけるが郵便で送り返してもらえないかと頼む。
（4）間違ったのだと話し，E社へ転送してもらえないかと頼む。
（5）ファクスの破棄を頼み，自分の名前を言って相手の名前を聞いておく。

ケース解説

　ファクス機には，頻繁に送信する相手先などをあらかじめ登録する機能がありますが，ちょっとした操作のミスで送信先を間違ってしまうことがあります。
　ファクスの内容が「誰に見られても差し支えないもの」である場合は，間違えたことをわびた後に（1）破棄してもらえないかと頼む，そして改めて本来の送信先へ送ればよいことになります。（2）後で丁重なわび状を送る，（3）郵便で送り返してもらう，（5）自分の名前を言って相手の名前を聞いておくなどは大げさな対処です。（4）E社へ転送してもらえないかと頼むのは，相手にさらに迷惑をかけることになります。
　ファクスの他に，Eメールなども誤送信してしまうことがあります。このような失敗はビジネスの場で起こりがちですが，小さなミスと軽く考えてはいけません。

もし，内容が「誰に見られても差し支えないもの」でなかった場合はどうでしょうか。失敗したことには素早く対処した上で，きちんと反省し，繰り返さないようにすることが社会人として求められる態度です。

1．失敗への対処

誰でも，最初から間違いも失敗もなく仕事を進められるわけではありません。小さなことから，時には重大なことまで，ビジネスにおいてはさまざまな失敗が起こります。そのため，失敗をしないことと同じくらい，失敗したときにきちんと対処することが大切になってくるのです。

まずは，迷惑をかけた相手に対し，きちんとわびることが大切です。また，対外的に問題が起こるようなことや今後の仕事に関わるようなことであれば，上司に対して報告します。その上で，どのようにすれば状況を修復できるかを考え，迅速に対処します。一人で対処できない場合は，上司に相談し，指示を仰ぐことになります。

失敗をしない人はいませんが，何度も同じ失敗をするようでは，社会人としての心構えができていないということになります。なぜ失敗したのか，どうすれば失敗を避けられたのかをよく考え，同じことを繰り返さないようにしましょう。

2．注意の意味とその受け方

（1）注意の意味

自分のことなら全て分かっているという人はほとんどいません。自分自身では気付かない面が多いのです。仕事においても，自分ではできていると思っていても，上司や周囲の人から見ると不十分な点や失敗があるものです。

このようなことを指摘してくれる人は，単に欠点や失敗をあげつらおうとしているのではありません。組織の一員として，秘書として，社会人として育てたい，成長してもらいたいと考えているからこそ，注意を与えてくれるのです。このことを十分理解しておきましょう。

（2）注意の受け方

注意を受けるのは誰でもつらいものです。しかし，その内容を聞き入れることで，大きく成長できることも忘れてはいけません。

注意を受ける際には，次のことを心がけます。
①何について言われているのか考える
　誰が言ったのかではなく，何について言われているのかをよく考えます。
②注意は最後まで聞く
　途中で口を挟むのは相手に対して失礼な態度です。
③責任を回避したり開き直ったりしない
　「でも」「だって」「それは」などの反論の言葉を挟んだり，開き直った態度をとってはいけません。同様に，感情的になってふてくされたりすることも，注意を聞き入れる気持ちのない未熟な態度と受け止められてしまいます。
④素直に謝る
　間違いに気付いたら，「申し訳ありませんでした」と素直に謝ることが最も大切です。今後は繰り返さないという気持ちを，言葉と態度で表します。
　相手の勘違いなど何か言い分があったとしても，誤解させたのは自分の態度が至らなかったせいであると認め，そのことに対して謝ります。
⑤相手が間違っていたら，注意が終わってから正直に，落ち着いて話す
　相手の話が全て終わってから，穏やかに，落ち着いて話します。
⑥反省して記録する
　注意されたことを反省し，ノートなどに記録しておきます。大切なのは，同じ失敗を繰り返さないことです。
⑦いつまでもくよくよと気にしない
　失敗に適切に対応し，きちんと反省したら，いつまでも一つの失敗にこだわっていてはいけません。次の仕事をきちんと行うためにも，気持ちを切り替えることが必要です。

過去問題チェック

[1] 秘書Aはある日，今までAが指示されていた仕事を，上司がDに指示しているのを見掛けた。Dがその仕事をするのは初めてのはずである。このようなことにAはどのようにするのがよいか。次の中から**適当**と思われるものを一つ選びなさい。　　　　(3級)

(1) 上司は何か考えがあってDに指示したのだろうから，しばらく様子を見る。
(2) Dがその仕事を終えるのを待って，Dに上司から指示された事情を尋ねる。
(3) Dから聞かれる前に自分から，「自分の今までのやり方を教えようか」と言う。
(4) 上司に，「今まで自分がしていた仕事をなぜDに指示したのか」と理由を尋ねる。
(5) 上司に，「今まで自分がしていた仕事なので，Dの手伝いをしようか」と申し出る。

[2] 秘書Aの上司は業界紙の連載コラムを週1回執筆しているが，意外に負担だとAに話していた。そのような折，業界紙の編集者から電話があった。コラム連載は今月で終わる予定だったが，好評なので続けてもらいたいということである。上司は出張中である。このような場合Aはどのように対応するのがよいか。次の中から**適当**と思われるものを一つ選びなさい。　　　　(2級)

(1) 上司は「意外に負担だ」と言っていたので，そのことを話して無理だと思うと言って断る。
(2) 執筆は会社の仕事とは別のことなので，上司が出張から戻ったら上司から連絡させると言う。
(3) 執筆を続ける場合の詳しい内容を聞いておき，出張中なので後で返事をさせてもらいたいと言う。
(4) 好評ということなので一応引き受けておき，上司が戻ったら依頼があったことを伝えておくと言う。
(5) 新規の契約になるのだろうから，上司に直接交渉してもらいたいと言って出張先の電話番号を教える。

[3] 次は秘書Aの机の中にある物である。中から<u>不適当</u>と思われるものを一つ選びなさい。　　　　(3級)

(1) 入社したとき渡された就業規則
(2) 先輩から引き継いだ仕事のマニュアル
(3) よく来社する客の会社名と名前の一覧表
(4) 会議から戻った上司から受け取った資料
(5) 最近，上司に電話を取り次いだときの自分のメモ書き

[4] 秘書Aは，上司が電話で「では，来週の金曜日3時に」と話しているのを耳にした。まだ1週間先のことだが電話を終えた上司はそのまま仕事を続けていて，電話のことについては何も言わない。このような場合，Aはどのようにすればよいか。次の中から<u>不適当</u>と思われるものを一つ選びなさい。　　　　(2級)

(1) 来週金曜日の3時前後に他の予定

が入りそうになったら上司に確認する。
(2) 上司から何か言われるまで予定表には記入せず，自分のメモに書いておく。
(3) 必要があれば上司が話すだろうから，次のスケジュール確認のときまでは何もしない。
(4) 上司と来週のスケジュール確認をするとき，何か新しい予定が入っていないか尋ねてみる。
(5) 耳にしたのだからしばらくして上司のところへ行き，新しい予定が入ったようだが，と尋ねる。

[5] 秘書Aが出社すると上司（部長）から電話があった。体調がよくないので休むということである。それにより変更しないといけない今日の上司の予定は，F部長に同行を頼んでの取引先訪問とN課長との打ち合わせである。次はこれらについてAが順に行ったことである。中から不適当と思われるものを一つ選びなさい。　　　　　　（3級）

(1) 上司に，今日の予定は取りやめにして次の機会に行えるように準備しておくが，それでよいかと確認した。
(2) 取引先に，急な都合で今日の訪問を延期したいと伝え，次に訪問してもよい日時を幾つか尋ねた。
(3) 取引先から言われた日時と上司の都合を調整し，その日時と変更の理由をF部長に伝えて同行をお願いした。
(4) N課長に事情を話して延期を伝え，

明日以降の都合のよい日時を幾つか尋ねておいた。
(5) 上司のスケジュール表の今日の予定を，線で消しておいた。

[6] 次は営業部長秘書Aが最近行ったことである。中から不適当と思われるものを一つ選びなさい。　　　　　　（3級）

(1) 外出中の上司から電話があったとき，総務部長から問い合わせの電話があったことを伝えた。
(2) 上司から取り次がないようにと言われていた会議中に家族から電話があったとき，急ぎの用かと尋ねた。
(3) 今日中と指示されていた営業データの集計ができなかったとき，残業して終わらせるがよいかと上司に尋ねた。
(4) 上司が風邪で早退しようとしていたところへ不意に訪ねてきた上司の友人に，取り次がずに今日は風邪で早退と言った。
(5) 上司からこの本を買ってきてもらいたいと新聞の切り抜きを渡されたとき，12時に近かったので昼食に出かけるときに買うのでよいかと尋ねた。

[7] 次のそれぞれは，どちらのことを優先するかを一般的なこととして述べたものである。中から不適当と思われるものを一つ選びなさい。　　　　　　（3級）

(1) 定例会議より緊急会議
(2) 私的予定より公的予定

(3) 外線電話より内線電話
(4) 先輩の指示より上司の指示
(5) 上司への対応より来客への対応

[8] 秘書Aは上司（部長）から数枚の資料を渡され，「これを一連の資料としてまとめ，コピーしてもらいたい。部長会議で使う」と言われた。次はこのときAが上司に確認したことである。中から不適当と思われるものを一つ選びなさい。　　　　　　**(2級)**

(1) 資料は事前に配布するのか。
(2) コピーの仕方に希望はあるか。
(3) メンバー分コピーすればよいか。
(4) どのような議題で使う資料なのか。
(5) まとめ方を途中で確認してもらえるか。

[9] 秘書Aは上司から，「Bに指示してこのデータをグラフにしておいてもらいたい」と言われ，Bに指示した。明日10時からの会議の資料ということだが，作成に2時間はかかりそうである。翌朝出社してBに尋ねると日にちを間違えたらしく，まだ手を付けていないと言う。このような場合，Aはどのように対処すればよいか。次の中から不適当と思われるものを一つ選びなさい。　　　　　　　　**(2級)**

(1) Bに，すぐ上司に事情を説明してわび，どのようにすればよいか指示してもらうようにと言う。
(2) Bにすぐグラフの作成に取りかかるように指示してから上司に事情を説明してわび，対処の仕方の指示を得る。
(3) 上司に，自分の不注意でグラフがまだ出来ていないとわび，10時に取りあえず出来ただけ届けるがよいかと尋ねる。
(4) 上司に，自分の指示が悪くてグラフがまだ出来ていないとわび，誰か他の人の手も借りて作成したいがどうかと尋ねる。
(5) 上司に，手違いでグラフが出来ていないとわび，手分けして仕上げても10時を少し過ぎるかもしれないがそれでよいかと尋ねる。

[10] 秘書Aは上司から，「業界の会合に出てそのまま帰宅するが，これを買っておいてもらいたい」とメモを渡された。その日Aは仕事が早く片付いたので，終業時間の少し前に会社を出て頼まれていた物を買って帰宅した。ところが翌日出社すると上司から，「昨日頼みたいことがあって会社に戻ったら君がいなくて困った」と言われた。このような場合，Aは上司にわびてからどのように対応するのがよいか。次の中から適当と思われるものを一つ選びなさい。　　　　　　**(2級)**

(1) 「自分以外の人に頼んで処理してもらえなかったのか」と尋ねる。
(2) 「出先から連絡してもらえれば間に合ったかもしれない」と言う。
(3) 「予定が変わったとき連絡してもらえれば残っていたのに」と言う。
(4) 「その用事は済んだのか。今からでも間に合うのなら，すぐにする」と言う。
(5) 「頼まれた物を買いに行ったが，これからは終業時間までいた方がよいか」と尋ねる。

第 3 章

一般知識

第1節　社会常識

職場で交わす会話には，専門知識のみならず社会的に常識とされることも多く含まれています。それらの社会常識を知っているかどうかで，あなたが一人前の社会人かどうか判断されます。社会常識の必要性と身に付け方について学びます。

第2節　経営知識

会社で働くに当たっては，経営の知識は欠かせません。秘書など上司の補佐役であればなおさらです。よく使われるカタカナ語や略語などもきちんと理解しておく必要があります。

第1節　社会常識

1-1 社会常識

学習のポイント

①社会常識がなぜ必要なのかを理解する。
②社会常識の身に付け方について理解する。

1. 社会常識とは

　私たちの社会は多くの約束や決まり事に従って営まれています。約束の代表が法律ですが，法律のように文章になっていないけれどそのことを知っており，それを守ることで日常の生活や労働が円滑に進むという事柄があります。それが社会常識です。

　社会常識はまた，行動の規範であり，分別の基礎でもあります。あることをしてよいのか，悪いのか。その基準になるのです。社会常識は極めて範囲が広く，政治経済や時事問題，芸術，スポーツなどから，小学校や中学校などで学んだことまで含まれます。

2. 社会常識の必要性

　社会人にとって，社会常識はなぜ必要なのでしょうか。それは仕事をする際，お互いが社会常識を備えていることが暗黙の前提となっているからです。

　例えば，狭い道で擦れ違うとき。お互い少し身を引いてぶつからないようにします。これが社会の常識です。ただし暗黙の前提だから，仮に知らなくてもペナルティーはありません。そこが法律と違うところです。

　しかし，誰もがわきまえているはずの社会常識を知らなければ，うまくいかないことが往々にして出てきます。知っていて当然とされる社会常識を知らなかったために，商談がうまくいかないというようなこともあり得ます。「社会常識を知らない相手は信頼できない」と判断されてしまうからです。

3. どのようにして社会常識を身に付けるか

　それでは社会常識はどのようにして身に付けたらよいでしょうか。
　政治や経済，国際問題などで一つの基準となるのが，新聞やテレビなどマスメディアによく出てくる知識や用語です。例えば現在の日本の首相は誰か，アメリカの大統領は誰か。日本国内や諸外国でここ最近の問題になっている事柄は何か。それらの知識や用語を知り，内容を理解することが大事です。カタカナ用語や略語も同じです。知らなければ「そんなことも知らないのか」と相手は思うでしょう。
　そうした分野とまた違う内容。それが生活をする上での常識です。オフィスで必要な礼儀作法やマナー以外にも，小学校，中学校レベルの常識があります。国語でいえば漢字やことわざなど，算数でいえば四則（加減乗除）など，社会科でいえば地理や歴史など。こうしたことは日頃から注意して覚えたり，内容を理解しておく必要があります。

第1節　社会常識

1-2 政治の知識

学習のポイント

①政治と生活との関係を理解する。
②政治に関する言葉や考え方，システムを理解する。

1．私たちの生活と政治

　政治は私たちの生活と無縁ではありません。景気がよくなるかどうか。平和な社会が保たれるかどうか。諸外国と仲よくできるか，世界平和に貢献できるか。そのような大きなテーマから，道路や橋，水道や電気など社会の基盤整備に至るまで，全ての基本に政治はあります。

2．政治の基本用語

　政治についてよく使われる用語には次のようなものがあります。
■憲法……国の統治の在り方を定めた最高規範。国民の権利と義務についても記されている
■三権分立……国の権力を，法律を定める「立法権」，法律に沿って政治を進める「行政権」，法律違反を罰する「司法権」に分け，立法権は国会，行政権は内閣，司法権は裁判所が担当する。権力の独走を防ぐためのシステム
■国会……国民を代表する機関であり，衆議院と参議院がある。いずれも選挙で選ばれた議員が法律などを制定する
■内閣……行政を担当する機関であり，内閣総理大臣と国務大臣で構成される。国務大臣は財務省，国土交通省，厚生労働省などの行政機関を担当する
■裁判所……法律上の争いを裁く組織。家庭裁判所，簡易裁判所，地方裁判所，高等裁判所，最高裁判所がある。最高裁判所は法令などが憲法に違反しているかどうか最終的な判断を下す
■選挙区……議員を選出する単位となる地域。小選挙区は一人，中選挙区以上は複数の議員を選挙で選ぶ

- ■政党……同じ意見や価値観を持つ議員が集まる組織。政権を担当する政党を与党，政権に反対する政党を野党と呼ぶ
- ■派閥……政党内にある議員グループ。同じ意見や信条を持つ議員が集まる
- ■地方自治……都道府県区市町村の運営を，その地域に住む住民の意思を尊重して行う考え方。行政を担当する団体を地方自治体（地方公共団体）と呼ぶ。また各地方には必ず議会が置かれ，住民の意思を反映する仕組みをとっている
- ■外交……諸外国との交渉。内容は経済や防衛，文化，スポーツなど広い範囲にわたる。主として担当するのが外務省。
- ■税金……所得税，消費税など国や地方自治体の運営のために徴収される金銭など。国で担当するのが財務省。税金の種類によっては地方自治体が徴収する
- ■行政改革……活力ある経済社会をつくるために，長期的視野で行政を簡素化する改革

第1節　社会常識

1-3 経済の知識

> **学習のポイント**
>
> ①経済と生活の関係を理解する。
> ②経済に関する言葉や考え方，システムを理解する。

1．私たちの生活と経済

　私たちは社会や生活に必要な物を製造し，それらの物やサービスを売ったり買ったりしています。その結果として，生活を支えるお金や物，サービスを得ているのです。そうした行為を総称して経済と呼びます。
　経済活動が活発になれば社会は活気づき「景気がいい」状態になります。経済活動が低調ならば「景気は悪く」なります。景気の良しあしは生活に敏感に反映するのです。

2．経済の基本用語

　経済についてよく使われる用語には次のようなものがあります。
- ■景気……経済活動全般の動向
- ■規制緩和……経済の活力を生むために不必要な国の規制を廃止していくこと
- ■経済財政白書……日本経済の状況と見通しをまとめた内閣府が発行する刊行物
- ■インフレーション（インフレ）……物やサービスの価格が持続的に上昇する状況。紙幣の増発などにより発生する
- ■デフレーション（デフレ）……物やサービスの価格が継続的に下落すること。消費や投資が不活発になるなど弊害が大きい
- ■東京証券取引所（東証）……日本を代表する金融商品取引所。東京都中央区日本橋兜町にあり，企業が発行する株式等の取引が行われている。この取引所で取引されることを「上場」といい，その企業を「上場企業」と呼ぶ
- ■日経平均株価……日本経済新聞社による代表的な株式指標。東証プライム市場の上場銘柄から選んだ225社の平均株価であり，全体の株価の動きが把握できる

■eコマース……電子商取引。インターネットなどのネットワークを利用して，契約や決済などを行う取引形態
■日銀券……1000円～1万円のいわゆるお札のこと。日本銀行が発行している紙幣。500円以下は硬貨と呼ぶ。紙幣と硬貨は総称して貨幣という
■電子マネー……紙幣や硬貨といった現金やクレジットカードではなく，インターネットによる決済（支払い）
■日本経団連……日本経済団体連合会。三つある経済団体の一つ。有力企業が中心。経済団体としては，他に経済同友会と日本商工会議所がある
■国内総生産（GDP）……国内で1年間に新しく生みだされた物やサービスの金額を足した数字。一国の経済力の目安に用いられる
■公共投資……政府や自治体が行う，道路，河川の堤防，港湾など社会資本を整備するための投資
■物価指数……ある時点を基準に，物やサービスなどの価格がどのように変わっているかを示す。消費者物価指数は代表的な物価指数

第1節　社会常識

1-4 国際関係の知識

学習のポイント

①国際関係の重要さを理解する。
②国際関係に関する言葉や考え方，システムを理解する。

1．活発に展開する国際関係

現代において，日本は一国だけで生きていくことはできません。多くの国と貿易などで関係を結んでいます。それが国際関係です。そのことはスーパーマーケットなどに並ぶ食品を見れば理解できるでしょう。

国際関係が大事なのは貿易など経済活動だけではありません。政治も文化も観光もスポーツも多くの国々と結ばれることで成果を上げています。

2．国際関係の基本用語

国際関係についてよく使われる用語には次のようなものがあります。
- ■国際連合（国連）……1945年に発足した国際平和の維持と経済などの国際協力を目指す国際組織。本部はアメリカ・ニューヨークにある。IMF（国際通貨基金）やユニセフなどの専門機関を持つ
- ■日米安全保障条約（日米安保条約）……日本とアメリカ合衆国との間で結ばれた，日本における安全保障に関する条約
- ■主要国首脳会議（サミット）……1975年にスタートした，国際的な首脳会議の一つ。現在は日，米，英，仏，独，伊，加のG7（ジーセブン）と呼ばれる国で構成
  ※2014年以降，ロシアは参加資格停止中
- ■世界貿易機関（WTO）……1995年にガット（関税と貿易に関する一般協定）に代わって発足した世界の貿易を統括する機関
- ■経済協力開発機構（OECD）……日本を始め北米，西欧などの先進国が加盟。世界経済について協議する機関

■アジア太平洋経済協力（APEC／エイペック）……太平洋を巡る地域や国が参加し，さまざまな経済協力を行う枠組み
■環太平洋戦略的経済連携協定（TPP）……太平洋を巡る国々が参加し，自由貿易を目指す協定。日本も参加意向を示し交渉が行われている
■東南アジア諸国連合（ASEAN／アセアン）……インドネシアなど東南アジア10カ国による政治，経済などの地域協力機構
■外貨……外国の通貨（単位）。アメリカのドル，独，仏などヨーロッパ諸国のユーロ，イギリスのポンド，中国の元，ロシアのルーブルなど
■円高……日本の通貨である円が諸外国の通貨に対して価値が上がること。例えば1ドル100円が1ドル70円になれば円高。反対が円安
■国際協力機構（JICA／ジャイカ）……発展途上国や地域に対し，技術協力や資金援助などを行う組織

第1節　社会常識

1-5 生活の知識

学習のポイント

①社会常識が生活の中で占める大きさを理解する。
②社会生活に関する言葉や考え方を理解する。

1. 仕事も生活もスムーズに行う

　社会常識とは，これまで学んだような政治や経済，国際関係といった大きなジャンルだけではありません。日常のさまざまな言葉や知識も社会常識なのです。非常に範囲は広いですが，こうした常識を身に付けることにより，仕事も生活もスムーズに行うことができます。

2. 社会や生活の基本用語

　社会や生活に関連してよく使われる用語には次のようなものがあります。
- ■高齢社会……65歳以上の高齢者が全体の14％以上を占める社会。日本はこの段階を既に突破し，高齢者が21％以上を占める超高齢社会となっている
- ■介護保険……高齢等により介護が必要になった人に支払われる保険。公的介護保険と民間介護保険がある
- ■医療保険……病気や事故などで発生する医療費の一部あるいは全部を支払う保険。公的医療保険としては協会けんぽ，組合健保などがある
- ■インフォームドコンセント……医療などで「十分に知らされた上で同意する」こと
- ■セカンドオピニオン……医療等で主治医とは異なる医師に意見を聞くこと。さらにはその意見
- ■ユニバーサルデザイン……施設や器具，用具の設計（デザイン）に当たって，文化や国籍，言語，性，障害などを超え，どのような人であっても利用できるようにすること
- ■バリアフリー……高齢者や障害者などが生活する上で支障となるような物理的，精神的な障害を取り除くこと

■公的年金……国が管理運営する年金で，国民年金，厚生年金，共済年金がある
■地球温暖化……地球表面の大気や海洋の温度が長期的に上昇している現象。大気汚染などさまざまな原因が挙げられている
■リサイクル……不要な製品を処理して資源として再利用するための一連のサイクル
■IT社会……IT は Information Technology の頭文字。コンピューターによる情報システムが極度に発達した社会
■ハードウエア……コンピューターを構成する電子回路などの具体的な装置
■ソフトウエア……コンピューターを動かすためのプログラムや手続き
■ビッグデータ……コンピューターなどが広く使われるようになり，その結果として集積された巨大なデータ群を指す。どのように利用するかが研究されている
■24時間制……一日を24時間とし，夜中の0時から次の日の0時（24時）まで連続して時刻表示する方式。12時間制は一日を午前と午後の12時間に分けて時刻表示する。午後4時を午後16時とするのは誤り
■以上……ある基準より，その基準を含んで上を示す。10人以上とは10人を含みそれより多い人のこと
■以下……ある基準より，その基準を含んで下を示す。5人以下とは5人を含みそれより少ない人のこと
■未満……ある基準より，その基準を含まず少ないこと。8人未満とは7人以下を指す。8人は含まれない
■（2日）ぶり……日数のぶりとは，基準の日時からどれくらい経過したかを表す。例えば日曜日を基準とすると同じ週の火曜日は2日ぶりとなる。日曜日から月曜日で1日，月曜日から火曜日で1日経過しているからである
■（3日）越し……その前に付く数字全期間のこと。例えば3日越しとは3日間のことである
■三回忌……人が亡くなって1年目の命日は一周忌。2年目の命日を三回忌，6年目の命日は七回忌となる
■数え年齢……生まれた年にすぐ1歳と数え，以後新年が来ると1歳ずつ加える，日本古来の年齢の数え方
■満年齢……生まれたときはゼロ歳。誕生日が来て1歳と数え，以後誕生日が来るごとに1歳加える
■弊社……自分が所属する会社のこと。自社，当社などともいう
■御社……相手が所属する会社のこと。貴社などともいう

第2節　経営知識

2-1 企業とは何か

> **学習のポイント**
>
> ①企業の成り立ちを理解する。
> ②経営の基本を理解する。
> ③日本的経営の変化を理解する。

1．企業を成り立たせる関係者

　企業活動は次のような関係者によって成り立っています。これらの関係者が協力して物やサービスなどを製造，販売しているのです。
■資本家……企業経営の資金を提供するのが資本家。株主（株式の所有者）
■経営者……企業を運営，管理し利益を目指す
■従業員……経営方針に従い各部門で働く
■関係企業……部品製造など関係する分野で協力する。下請企業
■顧客……企業が生産する物やサービスを購入する
■地域社会……一定の地域（企業にとっては，企業が所在する地域）の人間関係によって結ばれる社会。企業に対し資材や人，土地などを提供する

2．資本と経営

　企業活動を営むためには，元手となる資本を提供する資本家と，企業活動を統率する経営者が必要です。かつては資本家（株主）と経営者は同一のことが多かったのですが，現在では両者は分離しています。企業の経営が複雑になってきたため，専門の経営者が必要になってきたからです。企業の最高意思決定機関である株主総会で企業経営を経営者に委託しています。

3．経営者の責務

　経営者は企業の経営に伴い，以下の項目を達成することを求められます。
■株主に対して利益配当を実現する。そのためには利益を出さなければならない

■従業員（とその家族）に対して生活の安定を約束し実現する
■社会（顧客）に対して適正な価格の良質な商品やサービスを提供する
■社会に対する責任（雇用など）があることを自覚し，その責任を果たす

4. 日本的経営の変化

かつての日本の企業は以下のような特徴を持っていました。それにより日本は高度成長を遂げてきました。

■年功序列……年齢や勤務年数さらには学歴などによって賃金などの待遇条件が変わること
■終身雇用……定年まで雇用を保障する仕組み。高校や大学を卒業し入社。定年まで同一の職場で働くこと
■稟議制度……提案などを下の階層から上の階層に伝え，判断を仰ぐこと。多くの段階で決裁され最終的に決定する
■生活共同体……企業は家族にも例えられ，企業と従業員の運命は一心同体とみなされた。福利厚生施設や社宅などが充実したのもそのためである
■企業別労働組合……前述した日本的経営の特徴を受けて，労働組合も個々の企業別に組織され，企業内での活動が中心となった

こうした日本的経営は企業に向ける忠誠心や，その結果としての生産性の向上など多くの利点がありました。しかし，20世紀末から21世紀にかけてその欠点を主張する人達が現われました。同一の職場（企業）に長く働き続けるため，創造力や向上心が欠如し新規分野や新技術の開発が遅れるようになっているというものです。また企業活動がグローバル化（地球的規模での活動）し，欧米・アジアなど諸外国との競争が激化したことも，日本的経営の見直しにつながりました。そこでの方針は以下の特徴があります。

■経営の厳格チェック……株主や社外取締役による厳しい経営チェック
■職の流動化……終身雇用や年功序列の廃止あるいは緩和。中途採用の増加など
■海外拠点，海外市場の展開……企業活動の舞台を国内にとどめず，世界的規模で推進する

このような観点に立った企業活動が盛んですが，一方で正社員の減少や派遣，パート社員の増加，個人消費の伸びの抑制など景気の動向につながる面も問題視されており，企業の経営が今後どのようになるかまだ方向は確立されていません。

第2節　経営知識

2-2 企業の組織と機能

学習のポイント

①企業の組織形態を理解する。
②変わる企業組織の状況を理解する。

1．企業の組織形態

　企業活動は多くの人や組織が関係しており，成果を上げるためには一定の組織形態を持つことが要求されます。ばらばらな組織では資源を浪費するだけだからです。企業の組織としては以下の形態が代表です。

①**直線組織（ライン組織）**
　直線組織とは，上司が部下と直結し，統率して目標を達成する組織のことです。非常に直線的な組織であり命令や指示も通りやすいのですが，規模が大きくなると意思伝達や経理などの間接部門の運営が難しくなります。

②**職能別組織（ライン＆スタッフ組織）**
　職能別組織とは，一つの組織を職能別に分け組織化したものです。営業部，総務部，経理部などに分かれており，取締役などのトップマネジメントが統率します。営業部など収益に直結する部門をライン組織。総務部などの支援部門をスタッフ組織といいます。それぞれの部門には部長，課長などの管理職が存在し活動を管理します。

③**事業部制組織**
　事業部制組織とは，職能別組織を製品別，地域別などに組織したものです。小型の会社がそれぞれの製品や地域に存在することになります。重複するマイナスはありますが，独自に利益目標を立て達成方法を導入することで，マイナスを補うプラスを得ることが可能になります。

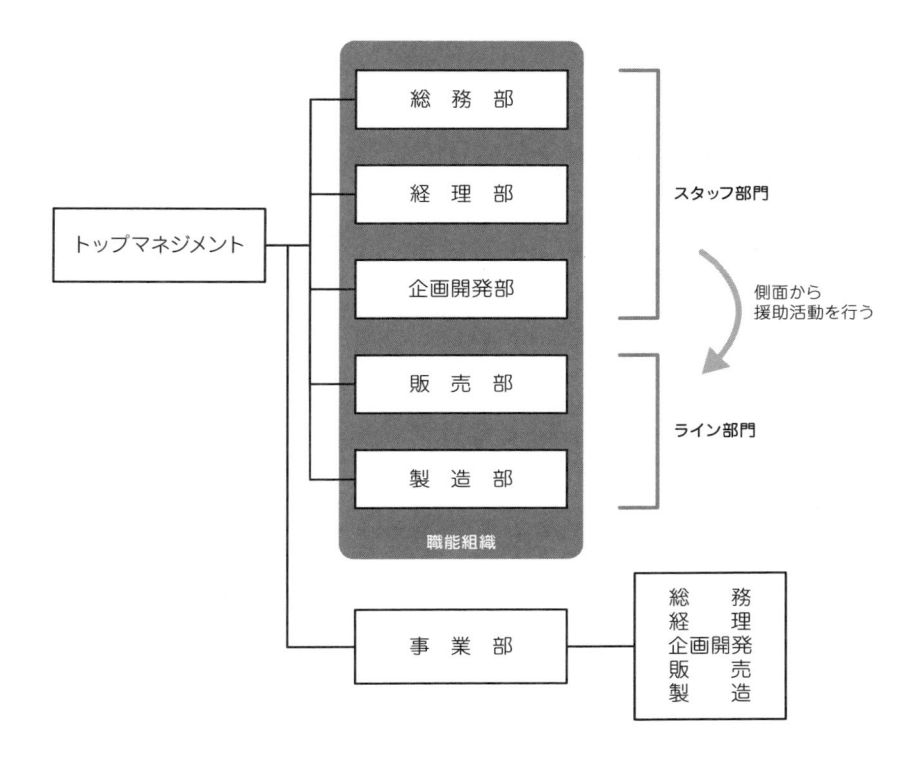

[図: 組織図]
- トップマネジメント
  - 総務部 ┐
  - 経理部 ├ スタッフ部門（側面から援助活動を行う）
  - 企画開発部 ┘
  - 販売部 ┐ ライン部門
  - 製造部 ┘
  （職能組織）
  - 事業部 — 総務／経理／企画開発／販売／製造

2．臨時組織

　企業の組織形態としては，以下のような臨時的なものもあります。ある課題やテーマが発生したとき，その課題やテーマを解決するために臨時に組織を立ち上げるのです。部門，部署を超えて人材をそろえることが特徴です。
■プロジェクトチーム……どの部門の仕事かはっきりしないとき，関連すると思われる部署から人材を提供してもらい，専門チームとして業務を行う組織
■タスクフォース……ある問題やテーマが起こったとき，そのことに詳しい専門家を集め，課題解決に向かうための組織

3．近年の組織変革

　組織を効率よく運営し成果を上げるために，経営者はさまざまな工夫をこらします。前述した組織形態もそのための工夫ですが，近年になり以下のような組織

変革が進んでいます。特徴としては大きな組織の弊害を避けることや，既存の組織では見えにくいものを扱う組織を創出することです。

①分社

組織が大きくなったとき，そのまま大きな組織にするのではなく，一部門を小さな会社として新たに組織外に会社をつくることを，分社といいます。大きな組織はともすると小回りが利かず変化に対応しづらいこともあります。そのような状況に対応するために分社を進める企業は増えています。

②社内ベンチャー

ベンチャー企業（組織）とは，独自で高度な技術や知識を基とし，創造的，革新的に新たな市場を開拓し成果を上げることを狙いとする組織です。現在は巨大企業であるマイクロソフトやグーグルも，元はといえばベンチャー企業でした。そうしたベンチャー組織を社内に置くことにより，既存の組織では難しい新技術による市場開発を狙うのが社内ベンチャー（制度）です。

③アウトソーシング

特定の業務を外部組織に委託することをアウトソーシングといいます。これにより人や金などの経営資源を有効に活用します。

4. 国際化に伴う組織

企業の海外進出により外国での日本企業の在り方が問われています。当初多かったのは，海外に支社（支店）を設置し日本から製品も人材も送り出しビジネスするタイプです。しかし，ビジネスが本格化し大規模になると，それでは日本（企業）を利するだけだとされ，現地との摩擦が大きくなります。税金や雇用などで現地に貢献することを求められるのです。

そこで現地の法律などに基づき設立されるのが，現地法人。人材も地元から採用し，部品，資材等も現地調達の割合を大きくします。これにより信用が増しビジネスが安定して営めるようになります。

第2節　経営知識
2-3 経営管理

> **学習のポイント**
>
> ①経営管理の基本を理解する。
> ②経営管理のサイクルを理解する。
> ③近年の経営動向について理解する。

1．階層別管理

　組織が大きくなると，一人の経営者，一人の管理者だけでは管理しきれなくなります。そこで多くの企業は以下のような3段階の階層を設け，それぞれの層に応じてきめ細かく経営を管理（マネジメント）するシステムを採用しています。これをピラミッド組織と呼びます。

①トップマネジメント

　トップマネジメントは，企業全体を管理する最高管理機能を指します。一般的には取締役（いわゆる重役）以上であり，経営の基本方針などを策定します。

　代表取締役（通称は社長）は取締役会で選任され，会社を代表します。専務取締役，常務取締役は取締役の一員で，役付き取締役といいます。社長，副社長に次ぎ，常務会を構成します。

②ミドルマネジメント

　ミドルマネジメントは，部長や課長といった中間管理職を指します。トップマネジメントが策定した方針，計画に基づいて，ロアマネジメントを指揮して担当業務を遂行します。

③ロアマネジメント

　ロアマネジメントは，係長，主任といった監督者層を指します。ミドルマネジメントの指示を受けながら，生産や販売あるいは経理などの間接部門で現場管理を行います。

2. PDCA サイクル

　経営管理の基本は PDCA サイクルです。別名をマネジメントサイクルといいます。最初に計画（Plan）し，次に実行（Do）し，評価（Check）し，改善（Action）します。この4つの段階を繰り返して，業務を継続的に改善していきます。

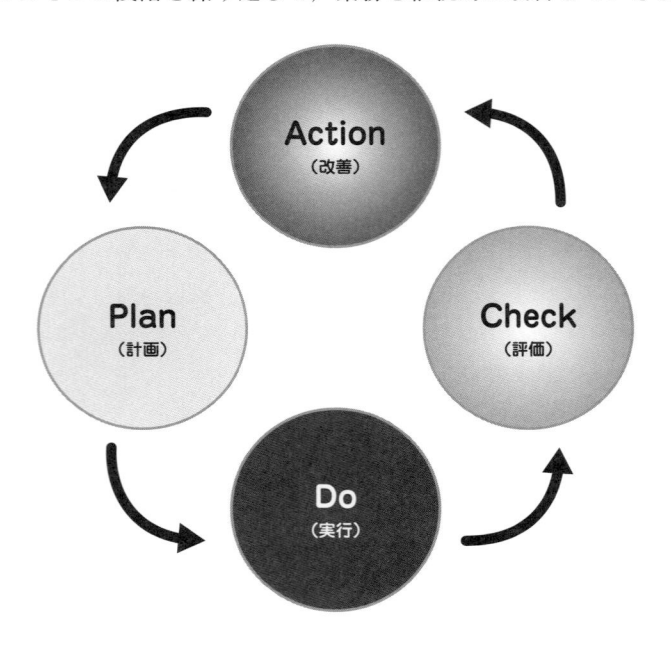

3. 経営の動向

　グローバル化，高齢化など社会は目まぐるしく変化し，それに応じて企業の経営もその内容を変えてきています。20世紀後半から21世紀にかけて，企業経営は次のような動きがありました。

(1) リストラ

　デフレ不況などに対応するため，多くの企業でリストラ（リストラクチャリング・企業の再構築）が進められました。リストラとは本来，企業の活動内容の全般的見直しを意味しますが，多くのリストラは人員削減であり，賛否の論議が巻き起こりました。

(2)「事業の多角化」「選択と集中」

　単一の事業（商品）に頼っていては何かあったときに危ないということで，さまざまな事業に挑戦する企業もあります。これが事業の多角化です。
　一方で，いろいろな商品にばらまき投資をしても効率が悪いので，有望な事業を選び出し集中して投資する考えもあります。これが選択と集中です。

(3) 減量経営

　減量経営では，経費を節減したり，人員を削減するなどして，健全な経営体質を築くことを目標とします。企業のスリム化と意味は同じです。

(4) コンプライアンス

　コンプライアンスとは，法令順守という意味です。企業のコンプライアンスとは，狭い意味では法律などの決まりを守って活動することを指します。しかし現在はさらに範囲を広げ社内規定やマニュアルなどのほか，企業に求められる倫理や常識なども幅広く守ることとされています。

第 2 節　経営知識

2-4 生産管理・マーケティング

> **学習のポイント**
>
> ①生産管理とはどのようなものかを理解する。
> ②マーケティングの基本と流れを理解する。

1．生産管理とは何か

　ある製品を，適正な品質や性能を保ちつつ，適正な時間や費用の中で生産すること，これが生産管理です。製品の寿命（ライフサイクル）を考えながら，新製品の開発，生産体制の整備，生産量の決定，人員の配置，原料や資材購入，日程計画，工程管理などのステップを踏んでいきます。

2．生産管理の新しい手法

　生産管理については，さまざまな企業で新しい手法が開発されています。主に次のようなものがあります。

①かんばん方式

　かんばん方式は，トヨタ自動車グループが始めた，部品などの在庫をできるだけ少なくするための方式です。在庫としておくのではなく，必要なときに必要なだけの部品や資材が供給されるシステムです。無駄な在庫がなくなりますが，トラブルがあると生産活動が困難になるという問題もあります。

②カイゼン

　カイゼンとは，つまり「改善」であり，やはりトヨタ自動車グループの活動（トヨタ生産方式）から生まれた言葉であり活動です。工場の作業者が中心となって，生産効率を上げ品質を向上し，安全性を高めるなどの活動を限りなく進めます。現在は KAIZEN として諸外国でも通用する言葉となっています。

③ TQC

　QC（Quality Control）は品質管理のことを指し，製品の品質を保ち向上させることは生産段階の大きなテーマです。その品質管理を販売や物流，さらには

事務などの間接部門を含め，会社全体で行うのがTQC（Total Quality Control）であり，そのための手法として進められているのが「QCサークル」です。従業員が小集団を組み，QCに関するテーマを発見し改善方法を話し合います。QCサークル運動は日本で発達しました。

④ CAD／CAM

CAD（キャド）はコンピューターを利用した設計のこと，CAM（キャム）はコンピューターの支援による製造方式です。コンピューターを導入することにより，いずれも以前に比べ作業は大幅に簡略化され，効率的な生産活動が可能になりました。

3．マーケティングの流れ

物やサービスが売り手から買い手（消費者）に円滑に流れていくためのビジネス活動を，マーケティングといいます。企業が市場で求められる製品を適正に製造・販売するために，マーケティングは欠かせない活動です。マーケティングは次のような活動をさまざまにミックスさせながら行います。

■市場調査……どのようなニーズがあるか
■製品計画……どのような製品をつくるか
■販売計画……どのようにして売るか
■価格政策……いくらで販売するか
■流通政策……どのような経路で製品を流すか
■広告宣伝……どのように広く知ってもらうか
■販売促進……どのように買ってもらうか
■アフターサービス……販売後の管理をどうするか

4．マーケティングの用語

マーケティングでよく使用される用語には次のようなものがあります。
■プロダクト……製品
■プライス……価格
■プレイス……流通
■プロモーション……広告宣伝・販売促進

 ⎫
 ⎬ 頭文字から「4つのP」という
 ⎭

■差別化（戦略）……競争する他社の製品と異なる内容（価格面，性能面，デザイン面，

サービス面など）を強調し，競争力をつける考え方や活動
- ■セグメンテーション……自社の事業や製品の市場を分析し，細かく分けることにより（市場細分化），より市場にあった製品を供給すること
- ■インセンティブ……販売したり購入したりする際，その意欲を高めるための刺激（報奨）。販売奨励金や購入時割引などの金銭的なインセンティブが代表
- ■プレミアム……製品に付く景品。手数料や割増金。高級であること
- ■付加価値……製品に何か別の物を付け加えて高めた価値
- ■アドバタイジング……広告活動
- ■パブリシティ……広報活動の一種であり，企業にとって有利な情報や新しい活動状況などをマスコミに情報提供して取り上げてもらう活動。広告と異なる点は，企業色が薄まり，費用がかからないこと。ニュース的な効果があり，多くの人の目に触れる機会になる
- ■CS……Customer Satisfaction。顧客満足。売り手ではなく買い手（顧客）の満足を第一に考えること

第2節　経営知識

2-5 労務・人事

> **学習のポイント**
>
> ①労務管理の基本を理解する。
> ②人事の役割や業務について理解する。

1．労務管理

　企業は所定の目的を果たすために人を採用し，教育し，配置します。また働くための条件（給与や福利厚生，安全な労働環境や休日制度など）を整備し，維持管理する必要があります。こうした一連の活動を労務管理といいます。
　労務管理を行うことによって企業は「それぞれの職務にふさわしい従業員を確保・教育・配置」し，「利益など企業の目的に向かって前進する職場」を実現します。

2．労務管理の用語

　労務管理でよく使われる用語には次のようなものがあります。
- ■労働三法……労働基準法，労働組合法，労働関係調整法。労働に関する事柄や労働者の権利を定めた法律
- ■就業規則……労働条件や就業するに当たって守るべき規律（服務規程）などを定めた規則。労働基準法に基づく
- ■社会保険……健康保険，年金保険，雇用保険，労災保険などの社会保障制度。公務員，大企業従業員，中小企業従業員，自営業などで内容が異なるが，労災保険を除き労使負担で運営される
- ■福利厚生……従業員の生活レベルや健康を保つため，企業等が独自に行う施策。保養施設，診療所，健康診断，親睦行事など
- ■有給休暇（制度）……法律で定められた労働者の休日（制度）。休日をとっても賃金が支払われる
- ■時間外労働……定められた労働時間以上に働くこと。残業。その場合は所定の割増賃金が支払われる。それが残業手当（休日出勤手当）

- ■給与……労働契約に基づいて労働の対価として支払われる報酬。一般的に月給，賞与（ボーナス）の形が多い。月給は基本給の他に諸手当（残業手当，通勤手当，家族手当など）が付く

3．人事

　人事は労務管理の中の重要部門です。経営計画などに基づき人員を採用し，教育して配置します。個人の能力や経歴などさまざまな事柄を正確に把握する必要があるため，多くの企業では人事部など独立した部門として運営されています。

　人事も時代の流れを大きく受けます。女性従業員を差別なく採用し教育して，管理職や経営者にも育てることが求められています。障害者の採用も法律で義務付けられており，そのための環境も整備しなければなりません。正社員の採用だけでなく派遣やパートなど非正規社員の採用も大きなテーマとなります。このような課題をクリアしながら各部門に適切な人員を供給していくのです。

4．人事の用語

　人事に関してよく使われる用語には次のようなものがあります。
- ■OJT……On the Job Training。オフィスや工場などで実際の仕事を通しての教育，訓練。教室などでの講義は OFF JT
- ■男女雇用機会均等法……均等法。雇用における男女の均等な機会及び待遇の確保を図り，さらに妊娠，出産した女性労働者の健康の確保を図る法律
- ■人事異動……所属する部署が別の部署に変わること。規模の大きな企業では毎年定期的に行われることが多い
- ■人事考課……担当する業務の遂行状況や能力，成果などを一定の基準で査定すること。人事異動や給与決定の基礎資料となる
- ■出向……子会社など関係会社に異動すること。籍は元の会社に置く場合と籍ごと異動するケースがある
- ■昇進，昇格……昇進とは，係長など現在の職位（役職などのポスト）より上位の職位に任用されること。昇格とは，組織内の資格制度において，現在の資格（等級）から上位の資格（等級）に上がること
- ■自己申告（制度）……従業員自身から職務に対する満足度や希望する職種，自己啓発の内容等を申告する（制度）。人事管理に自発的な内容を盛り込むために活用される

第2節　経営知識

2-6 会計・税務

学習のポイント

①会計の基本について理解する。
②税務の基本について理解する。

1．会計

　企業は一定期間の活動成果を数字にまとめ，記録する義務があります。株主や従業員，さらには税務署などに示すためです。それらの活動を企業会計といいます。

　企業会計は二つあります。一つは損益をまとめて記録，計算する管理会計です。部門や人の業績評価の基本となります。もう一つが財務会計です。活動成果を外部に報告するため財務諸表を作成します。いずれも複式簿記が基本となります。企業では経理部がこうした活動を担当します。

2．会計の特徴

　組織における会計には次のような特徴があります。

(1) 複式簿記を採用する

　簿記とは企業の活動を一定のルールに従って会計帳簿に記録する作業です。単式簿記と複式簿記があり，単式簿記は家計簿が典型です。複式簿記は経済活動の原因（売上など）と結果（現金や資産など）の両面から記録します。

(2) 財務諸表を作成する

　企業は一定期間経過した後，決算によって外部に報告するため書類を作成します。一つが貸借対照表。決算日における資産・負債，純資産の内容を一覧にしたもので，企業の財務状態を示します。バランスシート（B/S）ともいいます。もう一つが損益計算書です。一定期間の企業の収益と費用をまとめ，損益を計算し，

成果を示します。P/L（ピーエル）（Profit and Loss Statement）ともいいます。

3. 会計の用語

会計でよく使われる用語には次のようなものがあります。
■融資……資金を求めている人に銀行などが資金の貸し出しをすること
■抵当……借金が返せないときのために相手に預けておく物や権利
■当座預金，普通預金……当座預金は，個人・事業者・法人が，小切手や手形の支払いを決済する口座であり，無利息。普通預金は，いつでもいくらでも自由に預け入れ，払い出しができる口座
■売掛金……製品は販売したが，まだ受け取っていないときの代金が売掛金。製品などを買い入れたがまだ未払いのとき，その代金が買掛金となる
■固定資産……土地，建物，大きな機械などの資産を指す
■流動資産……現金，預金や売掛金などの資産
■決算……一定期間の収入・支出を計算し，利益又は損失を算出すること
■会計年度……決算の対象となる12カ月。国は4月から翌年3月を会計年度としている
■キャッシュフロー計算書……一定の会計期間内における企業の資金の流れを明らかにしたもの
■財務諸表……貸借対照表，損益計算書，キャッシュフロー計算書の三つを指す
■損益分岐点……利益も損失も出ない売上高のこと
■棚卸し……決算などのために，保有する製品や原材料などの数量を確認すること
■債権，債務……債権は支払いを請求する権利。債務は支払う義務
■社債……株式会社が長期資金調達のために発行する債券
■有価証券……財産上の権利を示す証券。手形（一定の期間後に一定の金額の支払いを保証する証券）や小切手（銀行に支払いを委託する証券），株券などがある
■振出人……手形や小切手を発行した人
■粉飾決算……決算を意図的に操作して，実際以上によく見せること

4. 税務

企業も個人もさまざまな税金を負担しており，納付しなければなりません。税金は国税と地方税に分かれ，さらにそれぞれは直接税（税金を支払う義務のある人と，税金を納める人が同じ）と間接税（税金を支払う義務のある人と，税金を

納める人が違う）に分かれます。直接税は所得税（個人の所得に課される），法人税（企業の所得に課される）などであり，間接税は消費税（物品やサービスの消費に課せられる）が代表です。主な税金の分類は以下の通りです。

		普通税		目的税
		直接税	間接税	
国税		所得税 法人税 相続税 贈与税　など	消費税 酒税 たばこ税 揮発油税 自動車重量税 関税 印紙税　など	電源開発促進税　など
地方税	道府県税	道府県民税（法人，個人） 事業税（法人，個人） 自動車税 自動車取得税 鉱区税　など	地方消費税 道府県たばこ税 ゴルフ場利用税 軽油引取税　など	水利地益税 狩猟税　など
	市町村税	市町村民税（法人，個人） 固定資産税 軽自動車税　など	市町村たばこ税　など	事業所税 都市計画税 入湯税　など

■個人にのみかかる税金……所得税，住民税，個人事業税，相続税，贈与税
■法人にのみかかる税金……法人税，法人住民税，法人事業税

5．税務の用語

税務でよく使われる用語には次のようなものがあります。
■所得……個人や企業が一定期間に得る財のこと。賃金，事業所得，家賃，利子など
■確定申告……税金に関する申告手続き。個人は2月から3月にかけて。企業など法人は決算期ごとに行う
■累進課税……課税対象となる金額が大きくなるほど，高い税率を適用する課税方式
■源泉徴収……給料や利子などを支払う側（代表が企業）が，決められた方法で所得税を計算し，その額を支払額から控除すること。控除した税金は後日企業が納税する
■年末調整……源泉徴収した所得税額について，基礎控除，配偶者控除，扶養控除などを行い，税額を確定するための作業
■印紙税……証書など経済取引に関連して作成される文書にかかる税金。収入印紙で納税する。取引金額により税額（収入印紙の額）が変わる

知っておきたい言葉

1. カタカナ用語

アウトライン	輪郭	オペレーション	操作
アウトプット	出力	オペレーター	操作者
アカウント	勘定	ガイダンス	指導
アシスタント	補助者	ガイドライン	指針
アセスメント	評価，査定	キーパーソン	重要人物
アドバイザー	助言者	キャパシティ	容量
アビリティー	能力	キャリア	経歴
アポイントメント	約束	キャンペーン	組織的な仕掛け，仕組み，活動
アドバイス	助言	クオリティー	品質
アバウト	厳密でないこと	クライアント	依頼者
アメニティ	快適，心地よさ	クリエーション	新機軸を出したり創造したりすること
イノベーション	革新，新機軸	グレード	等級，階級
イマジネーション	想像あるいは想像力	クレーム	苦情
イレギュラー	不規則なこと	クレジット	信用
インセンティブ	奨励金	クーリング・オフ	一定期間内の契約解除
インデックス	索引，見出し	コスト	費用
インパクト	衝撃	コーディネーター	調整者
インフォーマル	略式	コミッション	手数料，委員会
インフォメーション	情報	コメント	説明，解説
インプット	入力	コメンテーター	解説者
インフラ	インフラストラクチャー。基盤，下部構造	コンサルタント	技術相談員。企業経営などについて診断や指導をする専門家
エキスパート	熟練者，専門家	コンシューマー	消費者
エグゼクティブ	重役	コンスタント	一定であること
エコノミスト	経済学者（経済の専門家）	コンセプト	概念，基本となる考え
エージェンシー	代理店	コンセンサス	意見の一致
オーソリティー	権威者	コンタクト	連絡
オーバーワーク	過重労働	コンベンション	集会，会議
オファー	申し込み，申し入れ	サジェスチョン	示唆，提言
オブザーバー	会議などの参加者で議決権がない人，傍聴人	サンプリング	標本抽出
		ジェネレーション	世代
オプション	自由選択	シミュレーション	模擬実験

ジャンル	分野，部類，種類	トライアル	試み，試行
シェールガス	シェール層から採掘される天然ガス	トレンド	傾向
		ニーズ	必要性，需要
シルバービジネス	高齢者対象事業	ネガティブ	消極的
シンクタンク	研究組織，頭脳集団	ネゴシエーション	交渉，折衝
スキル	技術，技能	ネットワーク	網状の組織のこと。一般にはテレビ・ラジオの放送網，あるいは複数のコンピュータを結び相互に情報をやりとりできるようにしたシステムのこと
ステータス	社会的な地位や身分		
ストック	在庫		
スピリット	精神		
スポークスマン	政府や団体などを代表して発言する人		
		パーソナリティー	個性
セキュリティー	安全	バイオテクノロジー	生物の機能を社会や生活に役立たせる技術
ゼネラリスト	どの分野であっても高い知識，能力を持つ人	パテント	特許
		ハラスメント	いじめ
セレクト	選択	バリエーション	変化
タイアップ	協力，提携	ビジョン	未来像，展望
ダイジェスト	要約	ファジー	曖昧
タイムアップ	時間切れになること	フィードバック	戻すこと
ダイレクトメール	宛て名広告	フィランソロピー	人の幸福を実現するための奉仕活動
ターゲット	目標，標的		
チームワーク	団体行動	フォーマット	形式
ツール	道具	ブラッシュアップ	磨きをかけること，勉強し直すこと
ディスプレー	展示		
デスクワーク	事務作業	ブランド	銘柄
データ	数字などの資料	フレキシブル	柔軟なさま
デッドライン	最終期限など越えてはならない線	プレゼンテーション	提案
		プレッシャー	圧力，精神的な重圧
デベロッパー	開発業者	フロンティア	未開拓の分野
デメリット	欠点，短所，損失	ベースアップ	賃金の基準を引き上げること
テリトリー	区域		
ドキュメント	文書	ペナルティー	罰則
トップダウン	トップ（経営層）から下位者への命令，指示	ペンディング	保留
		ポジション	位置
		ボーダーライン	境界線
トピック	話題	ポテンシャリティー	潜在能力

ボトムアップ	下位者から上位者への提案，行動
ポリシー	方針
マスコミ	マスコミュニケーション。テレビ，ラジオ，新聞，雑誌
マニュアル	手引書，説明書
マネージャー	支配人
ミーティング	会合
メセナ	企業による芸術，文化の支援活動
メソッド	方法，方式
メッセージ	伝言
メディア	媒体
メリット	価値，長所
メンテナンス	手入れ，保守
モチベーション	動機・意欲
ユーザー	使用者
ライフワーク	一生の仕事
リコール	欠陥のある製品を生産者が回収し，無料で修理すること
リサイクル	不用物の再利用
リサーチ	調査
リザーブ	予約
リスク	危険，危険可能性
リストアップ	選び出して一覧表などを作ること
リニューアル	新装
リミット	限界
レイアウト	配置
レクチャー	講義
レジュメ	要旨
ロイヤルティー	印税や特許使用料
ロス	損失
ローテーション	持ち回り，輪番，順番
ワーカホリック	仕事中毒

2. 時事用語

IPS細胞	人の皮膚細胞からつくる万能細胞。山中伸弥（京都大学）が開発
アラブの春	2011年，チュニジアやエジプトの市民革命に始まったイスラム諸国の民主化の動き
活断層	地震を起こす可能性のある断層
為替相場	異なる通貨同士の交換比率の相場
国民栄誉賞	内閣総理大臣による抜きん出た実績のある人を対象とする賞
個人情報保護法	個人情報の取り扱いに関する法律
個人番号法（マイナンバー法）	国民一人一人に固有番号（マイナンバー）を割り当て，情報を管理，利用する法律
再生可能エネルギー	自然界で持続的に利用できるエネルギー。太陽光，風力，地熱など
消費税	物やサービスにかかる間接税
除染	放射性物質や放射性物質が付着した物を取り除くこと
世界遺産	ユネスコによって登録された世界の貴重な自然や文化
第三セクター	国または地方自治体と民間が資金を出し合って事業を行う方式
地球温暖化	石油など化石燃料の大量使用などで，大気や海面の温度が長期的に上昇する現象
鳥インフルエンザ	鳥から鳥に感染するウイルス。中国や台湾では人間にも感染している
デリバティブ	金融派生商品

PL法	製造物責任法
ペイオフ	金融機関が破綻したとき，預金者に一定額（現在は1人元本1千万円とその利息）を支払う仕組み
北方領土	北海道北東洋上の歯舞群島，色丹，国後，択捉の四島。ロシアと領有問題がある

3. 略語

AI	人工知能
AIDS	エイズ。後天性免疫不全症候群
ATM	現金自動預入・支払機
CEO	最高経営責任者
CG	コンピューターグラフィックス
CPU	コンピューター中央演算処理装置
CSR	企業の社会的責任。利益追求だけでなく，従業員，顧客（消費者），地域社会，環境などへの配慮や貢献を，経営活動として行っていこうとする考え方
CT	コンピューター断層撮影法
DNA	デオキシリボ核酸。遺伝情報を担う物質
EU	欧州連合
FRB	アメリカ連邦準備制度理事会
FTA	自由貿易協定
FIFA	国際サッカー連盟
GPS	世界的位置測定システム
IC	集積回路
ILO	国際労働機関
IOC	国際オリンピック委員会
ISO	国際標準化機構
JC	日本青年会議所
JOC	日本オリンピック委員会
LAN	組織内情報通信網
LTE	Long Term Evolution。第3世代高速通信をさらに進化させた通信規格
LSI	大規模集積回路
M&A	企業の合併や買収
MBA	経営学修士
MRI	磁気共鳴映像法
NAFTA	ナフタ。北米自由貿易協定
NASA	アメリカ航空宇宙局
NGO	非政府組織
NPO	非営利組織
ODA	政府開発援助
OS	コンピューターのオペレーションシステム
POS	販売時点情報管理システム
QOL	クオリティ・オブ・ライフ。生活の質
SEC	セック。アメリカ証券取引委員会
RV	レクリエーション用自動車
SNS	ソーシャル・ネットワーキング・システム
TOB	株式公開買い付け
TOPIX	トピックス。東証株価指数
TPO	時，場所，場合
VIP	ビップ。要人
WHO	世界保健機関

過去問題チェック

[1] 次は用語とその意味（訳語）の組み合わせである。中から不適当と思われるものを一つ選びなさい。　　（3級）

(1) チームワーク＝団体行動
(2) ネットワーク＝補助作業
(3) デスクワーク＝事務作業
(4) オーバーワーク＝過重労働
(5) ライフワーク＝一生の仕事

[2] 次は用語とその説明の組み合わせである。中から不適当と思われるものを一つ選びなさい。　　（2級）

(1) タイムアップ＝時間切れになること。
(2) ベースアップ＝考え方を根本的に変えること。
(3) タイアップ＝協力，提携して物事を行うこと。
(4) リストアップ＝選び出して名簿などを作ること。
(5) ブラッシュアップ＝磨きをかけること。勉強し直すこと。

[3] 次は用語とその意味（訳語）の組み合わせである。中から不適当と思われるものを一つ選びなさい。　　（2級）

(1) ポジション＝位置
(2) オペレーション＝交替
(3) バリエーション＝変化
(4) イノベーション＝革新
(5) ジェネレーション＝世代

[4] 次のような会社を何というか。中から適当と思われるものを一つ選びなさい。　（3級）

「出資者から出資してもらって運営するが，出資者には出資した金額分だけ責任を負ってもらえばよい会社」

(1) 子会社
(2) 株式会社
(3) 合弁会社
(4) 同族会社
(5) 下請け会社

[5] 次は会社の人事に関する用語とその説明の組み合わせである。中から不適当と思われるものを一つ選びなさい。　　（3級）

(1) 昇進＝上位の地位に変わること。
(2) 転任＝勤務地や職務が変わること。
(3) 異動＝役職や等級が下位に変わること。
(4) 出向＝会社の命令で籍を変えずに他の会社で働くこと。
(5) 辞令＝役目などをさせたり，辞めさせたりすることを書いた文書のこと。

[6] 次は秘書Aが，先輩から聞いた話である。中から下線部分の用語の使い方が不適当と思われるものを一つ選びなさい。　　（2級）

(1)「企画部のS部長が，来月，名古屋支店長に栄転するそうよ」
(2)「定年退職されたM課長が，嘱託として再雇用されるらしいわ」
(3)「今度の人事異動で，関連会社へ二，三人出向になるらしいわ」
(4)「人事部のY部長が，ヘッドハンティングされてK社に転勤するそうよ」
(5)「来月，営業部のベテラン二人が，

大阪支店へ営業強化のために派遣されるそうよ」

[7] 次の「 」内の説明は下のどの用語の説明か。中から**適当**と思われるものを一つ選びなさい。　　　　　　　　　　　　(2級)

「株式会社などで，組織や業務に関する基本的な規則を記した文書」

(1) 社訓
(2) 社是
(3) 内規
(4) 定款
(5) 約款

[8] 次はそれぞれ直接関係ある用語の組み合わせである。中から<u>不適当</u>と思われるものを一つ選びなさい。　　　　　(2級)

(1) 解雇――懲戒
(2) 栄転――異動
(3) 賞与――退職
(4) 転勤――配属
(5) 休暇――有給

[9] 次の説明の中から<u>不適当</u>と思われるものを一つ選びなさい。　　　　　(3級)

(1) 「20歳未満入場お断り」とあれば，19歳では入場できないことになる。
(2) 「4日から7日まで」とは，4日，5日，6日，7日の4日間のことである。
(3) 「遠藤氏はじめ10名が参加した」とは，合計10名が参加したということである。
(4) 「完成まで足かけ5年かかった」とは，最初の年を含まず5年かかったと

いうことである。
(5) 「1,000円以上買えば粗品進呈」とあれば，1,000円の物を買えば粗品がもらえることになる。

[10] 次は会社の部署とそこに直接関係する人との組み合わせである。中から<u>不適当</u>と思われるものを一つ選びなさい。　　(3級)

(1) 総務部――株主
(2) 人事部――学生
(3) 営業部――顧客
(4) 広報部――顧問
(5) 経理部――監査役

第 4 章

マナー・接遇

第 1 節　あいさつと話し方，聞き方

良好な人間関係を築き円滑に業務を行うために必要不可欠な，きちんとしたあいさつやお辞儀，感じのよい話し方や相手の真意をつかむ話の聞き方について学びます。

第 2 節　電話応対

ビジネスにおける電話は，お客さまや取引先と会社を結ぶ大切なビジネスツールの一つです。電話の受け方やかけ方など，どのような場面でも感じのよい電話応対を目指します。

第 3 節　来客応対

接遇における心遣い，受付や案内のマナー，茶菓接待のマナーを取り上げます。また，お客さまを見送る際のマナーと乗り物の席次についても学びます。

第 4 節　交際業務

社会人となれば，交際業務をこなすことがあります。その際に役立つ知識やマナーをまとめてあります。慶事・弔事から贈答まで，秘書として身に付けておきたい交際業務のマナーについて学びます。

第1節　あいさつと話し方，聞き方

1-1 あいさつとお辞儀

学習のポイント

①あいさつの効用とマナーについて理解する。
②いろいろなあいさつの言葉を知る。
③お辞儀の種類を学ぶ。

1. 良好な人間関係を築く要素とは

　私たちが所属する「社会」は，人と人が関わり合うことによって成り立っています。学校や職場，家庭や地域社会など，所属する社会や集団はそれぞれ違いますが，人間同士の関わり合いから成り立っているのは同じです。
「人間関係」すなわち，社会や集団の人間同士が関わり合っている状態が良好であれば，社会や集団はうまく機能します。
　特に職場では，お互いが気持ちよく協力し合える状態が必要不可欠です。上司など社内の人，社外の人との間に好ましい人間関係が築かれていれば，仕事をスムーズに進めることができ，結果として効果を上げることができます。そのためにも，お互いにコミュニケーションを取りながら，信頼関係を築いていくことを心がける必要があります。
　職場で良好な人間関係を築くために欠かせない要素は次の通りです。

■爽やかなあいさつ
■明るい表情
■誠実な執務態度
■相手を尊重した態度
■相手への配慮
■失礼のない話し方
■姿勢を正す
■相手の立場の理解
■職場にふさわしい身だしなみ

第4章　マナー・接遇

2. あいさつの効用とマナー

　あいさつは良好な人間関係を築く第一歩であり，相手に好印象を与えることができる重要なコミュニケーションスキルです。また，気持ちのよいあいさつをすると好ましい人間関係をスタートさせることができ，会話を始めるきっかけにもなります。相手が誰であっても，あいさつされるのを待つのではなく，自分からあいさつをするように心がけましょう。
　あいさつの効果を高めるには，次のようなマナーを身に付けることが重要です。
■あいさつをされたとき，知らないふりをしない
■あいさつをされたら，明るくあいさつを返す
■「○○さん」と名前を呼び，積極的にあいさつをする
■あいさつをする相手の目を，親しみを込めて見る

3. さまざまなあいさつの言葉

　あいさつにはいろいろな種類があります。場面にふさわしい言葉を選んで，あいさつをしましょう。

場面	あいさつの言葉
出社した時や取引先の会社を訪問したとき	「おはようございます」 「こんにちは」 「失礼いたします」 「ごめんください」 「いつもお世話になっております」
お客さまを迎えるとき	「いらっしゃいませ」
来客などが帰るとき	「お気を付けになってお帰りください」 「失礼いたします」
お礼や感謝の気持ちを伝えたいとき	「ありがとうございます（ました）」 「恐れ入ります」
お願いするとき	「恐れ入りますが」
入室，退室するとき	「失礼いたします（いたしました）」
謝罪するとき	「申し訳ございません」 「大変，失礼いたしました」
自分が外出するとき	「行ってまいります」
外出する人，外から帰ってきた人に対して	「行っていらっしゃいませ」 「お帰りなさいませ」

4. お辞儀の種類

　適切なお辞儀も良好な人間関係に結び付きます。お辞儀には次のような種類があります。場面や状況で使い分けましょう。

①**会釈**
　上体を15度ほど傾けます。入室などの「失礼します」や，人と擦れ違うときの「お先に」など，相手を無視していないという気持ちを表すお辞儀です。

②**敬礼（普通礼）**
　上体を30度ほど傾けます。出社した上司に「おはようございます」，来客に「いらっしゃいませ」など，相手に意思を持って接するときのお辞儀であり，受付ではこのお辞儀が主になります。

③**最敬礼**
　上体を45度ほど傾けます。「ありがとうございました」「申し訳ございません」など，感謝や謝罪のときに使うお辞儀です。

実際のお辞儀では，上図の角度より少し深めの方が感じがよい

第4章　マナー・接遇

第1節　あいさつと話し方，聞き方
1-2 話し方の基本

学習のポイント

①話の目的について知る。
②効果的な話し方を身に付ける。

1．話の目的

話をするときの目的は三つあります。
■報告・説明……相手に情報を伝え，理解してもらう
■共感・あいさつ……相手の情緒に働きかけて，より深く関わっていく
■説得・注意……知性あるいは感情に訴えて，相手の態度や意見を変えさせる

内容をきちんと相手に伝えるためには，日頃から相手とよい人間関係を築いておく必要があります。また，内容や目的に合った効果的な話し方をして相手にうまく伝えることができれば，さらによい人間関係を結んでいくことができます。

2．効果的な話し方

（1）話し方の原則

相手に自分の考えを伝えるためには，ただ話すだけではなく，態度や言葉遣い，発音や発声にも注意を払いましょう。
具体的には以下のような点に注意します。

①伝えたい内容を正確に表現する

話の狙いを意識して，相手に伝えたいことを簡潔にまとめます。また，順序立てて話すようにしたり，要点は繰り返して言うようにするとより伝わりやすくなります。曖昧な表現はなるべく避け，はっきりした表現を心がけましょう。

②その場にふさわしい態度で話す

明るくはきはきと話すことが基本です。しかし，いつでも明るければよいというわけではありません。落ち着いて静かに話す方がよい状況もあります。その場にふさわしい話し方をしましょう。

③書き言葉をそのまま話し言葉として使わない
　書き言葉は話し言葉よりも改まっているため，よそよそしい印象を与えてしまいがちです。難解な漢語を使わず聞き手に分かりやすい言葉で話しましょう。
④同音異義語や類音語に注意する
　同音異義語や類音語を使う場合は，明瞭な発音を意識するなどして対応しますが，他の言葉に言い換えた方がよいでしょう。
⑤職場用語，業界用語，専門用語，外国語を相手構わず使わない
　職場用語や業界用語などは，社外の人と話すときは注意して使う必要があります。使わなくて済む場合は使用しない方がよいでしょう。
⑥友達や家族で話すような話し方はしない
　語尾を伸ばしたり，くだけた口調の話し方はビジネスシーンでは不適切です。
⑦聞き手の気持ちを考えながら話す
　一方的な言い方や独りよがりの話し方は避けます。

(2) 感じのよい話し方

　感じのよい話し方は人間関係に大きく影響します。特に心がけたいのは，相手を尊重した肯定的な話し方です。
　例えば，イエス・バット法。話の内容に賛成できなくても，いきなり「違う（反対だ）」と言うのでなく，いったん相手の主張を受け止めてから穏やかに「これではどうか」と話を進める方法です。
　この方法以外にも，感じのよい話し方のポイントを幾つか挙げておきます。
■相手の反応を見ながら，相手に合わせた表現内容や表現方法で話す
■抽象的にならないよう，具体的な表現を心がけて話す
■事実を正しく捉え，正しい日本語で話す

3. よく使う接遇用語

　本節「1-4　敬語の用法」や，本章第2節「電話応対」，第3節「来客応対」でも学びますが，ビジネスの場では，接客などの際に慣用的に使う表現があります。これを接遇用語といいます。よく使う接遇用語は，自然に口に出せるよう練習しておくとよいでしょう。

普通の言い方，言いたい内容	接遇用語
わたし／わたしたち	「わたくし」／「わたくしたち」「わたくしども」
誰	「どなたさま」「どちらさま」
そうです	「さようでございます」
どうしますか	「いかがいたしましょうか」
分かりました	「かしこまりました」「承知いたしました」
ごめんなさい，すみません	「申し訳ございません」
ないんです	「ございません」
わかりません	「分かりかねます」
できません	「いたしかねます」
あなたの言う通りだ	「ごもっともでございます」
（相手の）名前を忘れたので教えてほしい	「お名前を失念いたしましたので，お教え願えませんでしょうか」
雨の中来てくれてありがとう	「お足下の悪い中，お越しいただきまして誠にありがとうございます」
別の日に来てほしい	「日を改めてお出(い)でいただきたいのですが」
用があったら言ってもらいたい	「御用がおありでしたらお申し付けくださいませ」
待たせたが上司（山田部長）は今来る	「お待たせいたしました。山田はただ今参ります」

第1節　あいさつと話し方，聞き方

1-3 聞き方の基本

学習のポイント

①話の聞き方のマナーを知る。
②真意をつかむ聞き方を身に付ける。

1．話の聞き方

(1) 聞き方のマナー

相手の話を聞くときは話の腰を折ったり，揚げ足を取ったりしないのがマナーです。また，親しみを込めて積極的に聞くとよい聞き手になることができます。

(2) 聞き違いの原因

仕事を進める上で人の話を正しく聞くことはとても重要ですが，場合によってはうっかり聞き違いをしてしまうことがあります。それが原因で相手に迷惑をかけてしまう可能性もあります。そうならないためにも，聞き違いの原因について理解しておきましょう。具体的には以下のような原因が考えられます。

■感情的になり，内容を冷静に受け止められなくなっている
■自分が主張することに気を取られ，人の話を聞く余裕を失う
■自分勝手な解釈を付け加えてしまう
■話を省略して聞いている
■内容を確認，復唱しない
■相手の言ったことを忘れてしまう
■話の内容をゆがめて聞いてしまう

自分が感情的になっていたり，余裕がないと判断したときは，一度クールダウンするとよいでしょう。例えば，いったん席を離れる，一息入れるなどして気持ちを落ち着かせます。

また，自分勝手な解釈をしないよう，相手の言った内容を確認・復唱するなどして，正確な内容の把握に努めるべきです。相手の言ったことを忘れないためにはメモを取りながら聞くなど，重要なことは記録に残しておきます。

（3）相手の真意をつかむ聞き方

　相手の真意を正しくつかむのは簡単なことではありません。そこで大切になるのが，話を意識的に聞くことです。言われている言葉の表面的な意味だけではなく，声の調子，表情，態度などを総合して本心は何か，何を言おうとしているのかを酌み取るように意識して話を聞きます。
　次のことも意識して相手の話に耳を傾けましょう。
■不明な部分はメモを取り，後でまとめて聞く
■キーワード，キーフレーズを見つける
■話の関連をしっかりつかむ
■うなずいて聞く

（4）相手が話しやすい環境をつくる

　話をうまく聞くには相手が話しやすい環境をつくることが大切です。
　例えば相づちは，聞き手が話に集中していることを表す自然な表現です。相手の顔を見ながら，目，表情，態度，言葉で相づちを打つことで，こちらが話をしっかりと聞いていると伝えることができます。
　主な相づちは，以下のようなものです。

状況	主な相づち
同意する	そうですね　なるほど　確かに　もっともです　本当ですね おっしゃる通りです　私もそう思います　など
感嘆する，褒める	それはすごいですね　さすがです　お見事です　など
共感する，同情する	それは大変でしたね　残念ですね　お気の毒に　など
さらに促す	それから（それで）どうなりましたか　といいますと 興味深いですね　どういうことですか　教えてください　など
整理する	つまり～ということですね　など
疑問に思う	そうでしょうか　それはどうでしょうか
転換する	ところで　それはそうと　話は変わりますが 今のお話で思い出したのですが　など
反対する	いいえ　違います　おっしゃることも分かりますが…… 賛同しかねます　とんでもない　など

　適当な所で相手の話を要約して確認したり，相手の話が途切れたときは関連したことを尋ねるなどして話が続くようにするのもよいでしょう。相手が面白い話をしたときは一緒になって笑ってもよいですし，本筋から離れた話も，時間があ

れば聞きます。ただし，相手が気安く話してくれても，同じような調子で返してはいけません。あくまでもきちんとした態度を心がけながら相手の様子に合わせます。

2．苦情の受け方

　秘書には立場上，さまざまな苦情が持ち込まれます。怒りや不満があって苦情が寄せられるのですが，これにきちんと適切な対応をすることで，よりよい人間関係を新たに築いていくこともできます。嫌だと思うだけでなく，チャンスだと捉えましょう。

　基本的な苦情の受け方は次の通りです。
■相手が勢い込んでいるようなときも，落ち着いて対応する
■苦情が相手の勘違いでも，まずは最後まで話を聞く
■相手が感情的になっているときは，収まるのを待つ
■相手の話を聞いてから，こちらの言い分を話す
■こちらの言い分は，相手の納得を得ながら話す
■対応の結果（相手が納得したかどうか）にかかわらず，苦情の内容と対処の結果は上司に報告する

第1節　あいさつと話し方，聞き方

1-4 敬語の用法

> **学習のポイント**
>
> ①敬語の種類と役割を理解する。
> ②「お」「ご」の使い方を理解する。
> ③間違いやすい敬語について知る。

1. 敬語の役割と種類

　敬語を正しく使えば，年齢や地位・立場，親疎(しんそ)の差にかかわらず，相手と対等に会話ができます。しかし，敬語の使い方を誤ると，相手を怒らせて信用をなくしたり，話し手や所属する会社の社会的品位が問われることになります。敬語の使い方は，社会人としての常識を測る尺度になっているのです。

　特に秘書は，職場で目上の人や年長者など，さまざまな人と言葉を交わします。日頃から正しい敬語の使い方を身に付けておくことが大切です。

　敬語を使い分ける際のポイントは，話の聞き手と自分の関係，話題に出てくる登場人物との人間関係（立場）を把握することです。

　立場によって，相手や自分などの呼び方も変わります。

　代表的なものは以下の通りです（p.158も参照）。

普通の言い方	相手	こちら
会社	御社	弊社
全員・皆	ご一同・皆様	一同・私ども
誰	どちら様	どの者
夫・妻	ご主人・奥様	夫・妻
息子・娘	ご子息様・お嬢様　お子様	息子・娘
父・母	ご尊父・ご母堂 お父上様・お母上様	父・母
意見	ご高見・ご高説・ご意見	私見

敬語には次の三つの種類があります。
① **尊敬語**
相手の行為などを高めて敬意を表す言い方です。相手の動作や相手に属する物や状態を敬う際に使用します。

相手の行為	「れる」「られる」型	「お(ご)～になる」「お(ご)～なさる」型
書く	書かれる	お書きになる　お書きなさる
受ける	受けられる	お受けになる　お受けなさる
待つ	待たれる	お待ちになる　お待ちなさる
検討する	検討される	ご検討になる　ご検討なさる
出席する	出席される	ご出席になる　ご出席なさる
到着する	到着される	ご到着になる　ご到着なさる
来る	来られる	いらっしゃる※
行く	行かれる	いらっしゃる※
言う	言われる	おっしゃる※

※は例外的に特別な語を用いるもの

② **謙譲語**
自分や身内の行為などを低くすることにより、相手への敬意を表す言い方です。家族や同じ職場の人をへりくだって言うときに使用します。

自分の行為	「お(ご)～する」「お(ご)～いたす」型
書く	お書きする　お書きいたす
送る	お送りする　お送りいたす
来る	参る※
行く	参る，伺う※
話す	申す※
見る	拝見する※

※は例外的に特別な語を用いるもの

また，相手に何か行為をしてもらうときの表現にも謙譲語を使います。

相手の行為	「お(ご)～いただく」「お(ご)～願う」型	「～ていただく」型
書く	お書きいただく　お書き願う	書いていただく
送る	お送りいただく　お送り願う	送っていただく
来る	お越しいただく　お越し願う	来ていただく
行く	お越しいただく　ご足労願う	行っていただく
話す	お話しいただく　お話願う	話していただく
見る	ご覧いただく	見ていただく

③丁寧語

「です」「ます」「ございます」など，聞き手に対して直接敬意を表す表現です。

普通の言い方	丁寧な言い方
する	します
ある	ございます
行く	行きます
言う	言います
見る	見ます
そうだ	そうです

2.「お」「ご」による敬語表現

　敬語には尊敬語・謙譲語・丁寧語の他に，接頭語の「お」「ご」を付けて敬意を示すものがあります。「お」「ご」は，どのような場合でも付けるわけではないため，付けるものと付けないものをしっかり理解する必要があります。

①「お」「ご」による敬語表現

事項	言い方の例
尊敬の意を表する場合	社長のお考え　お名前を伺う 先生のご意向　部長のご出席
慣用が固定している場合	おはようございます　ごちそうさまでした おなか　お菓子　ごはん
自分のことだが相手に関係するため付けることが慣用となっている言葉	お手紙を差し上げます　ご（お）返事いたします お願いいたします
接頭語と接尾語の両方が用いられる慣用的な言葉	お客さま　お父さま　お嬢さま お疲れさまでした

②「お」「ご」を付けないもの

事項	悪い例
付ける慣習のない言葉	×お机　×お鉛筆　×おはさみ　×お時計
外来語	×おノート　×おコーヒー　×おテレビ
既に尊敬の意がある言葉	×お社長
その他	×お役所（公共の建物や施設を示す言葉）

3. 間違いやすい敬語の使い方

（1）尊敬語と謙譲語を混同しない

相手を高める尊敬語と自分を低める謙譲語を混同することは間違いです。
［例］　×お名前を申してくださいませ　→○お名前をおっしゃってくださいませ
　　　×お食事はいただかれましたか　→○お食事は召し上がりましたか
　　　×どうぞ，ご拝見願います　→○どうぞ，ご覧になってください
　　　×ぜひ，ご参加いたしませんか　→○ぜひ，参加なさいませんか

（2）二重敬語

　二重敬語は過剰敬語になるので使いません。敬語をたくさん使えば丁寧になる，というわけではないので注意が必要です。
［例］　×社長がお見えになられました→○社長がお見えになりました
　　　×部長がご覧になられました→○部長がご覧になりました

（3）社内の者や身内のことを話すとき

　敬語表現の使い方には，原則と例外があります。
①職場の人のことを話すとき
　社外の人に対して，社内の人のことを言うときは敬語表現は使いません。
［例］　×加藤部長は，ただ今席を外していらっしゃいます
　　　　→○部長の加藤は，ただ今席を外しております
②自分の家族を言う場合
　他人に対して身内のことを言うときは敬語表現を使いません。
［例］　×お父さんがよろしくとおっしゃっておりました
　　　　→○父がよろしくと申しておりました
③その人の家族に対して，その人のことを言う場合
　相手がその人の家族である場合は，社内の人であっても敬語表現を使います。
［例］　×高橋は食事に出かけております。戻りましたら，奥さまから電話があったことを伝えます
　　　　→○高橋部長は食事にお出かけになっています。お帰りになりましたら，奥さまからお電話がありましたことをお伝えします

第4章　マナー・接遇

第2節　電話応対

2-1 電話の特性とマナー

学習のポイント

①電話の特性について理解する。
②電話のマナーと話し方を理解する。

1．電話の特性

　ビジネスにおける電話は取引先や顧客と会社をつなぐ大切なツールです。適切な対応を身に付けるためには，電話の特性を理解する必要があります。普通の会話とは違う特性があることを理解しましょう。

(1) 一方的な性質がある

　電話には，かける方から受ける方への一方向的な性質があります。電話をかける際には，相手がどのような様子なのかは分かりません。そのため，こちらがかける時間をわきまえ，相手の都合に配慮する必要があります。相手が出た際に「○○の件でお電話しました。ただ今，お時間よろしいでしょうか」と一言断るのもその配慮の一つです。

(2) 声だけが頼りである

　電話で相手に伝わるのは声だけです。声が印象を大きく左右することになりますから，明るく聞き取りやすい調子で，普段よりはっきり話すように心がけます。

(3) 記録が残らない

　電話の声は記録に残りません（録音機能が付いているものを除く）。聞き取った用件をメモする習慣を付けましょう。覚えているつもりでもうっかり忘れてしまうことがあります。正確に用件を処理するためにメモを取り，話の内容を復唱し確認することを心がけましょう。

(4) 簡潔性が求められる

　話す内容は，電話をかける前にまとめておきましょう。伝えたいことを事前にメモしておけば伝え忘れはなくなります。

2. 電話のマナーと話し方

(1) 電話のマナー

　電話応対について学ぶに当たっては，以下のような電話特有のマナーについて理解しておきましょう。

■忙しい時間，始業早々（9時頃）などの時間帯は避ける
■ベルが鳴ったら，すぐに出る
■電話に出たら，まず社名を名乗る
■明るい声ではっきり話す
■簡単なあいさつをする。「いつもお世話になっております」など
■相手の都合を聞く。「ただ今，お時間よろしいでしょうか」など
■途中で電話が切れてしまった場合，電話をかけた側がかけ直す
■用件が済んだら，あいさつをして静かに受話器を置く

(2) 電話での話し方で注意すべき点

　電話の特性でも述べたように電話は顔が見えないため，声だけが頼りです。明るく聞き取りやすい調子で話すように心がけましょう。電話での話し方のポイントは次の通りです。

■丁寧な言葉遣い，明るく感じのよい声で話す
■一つ一つの言葉がはっきり分かるように話す
■聞き取りにくい言葉や，似た言葉，紛らわしい言葉には注意する
　[例]　1＝イチ，4＝ヨン（シ×），7＝ナナ（シチ×）
■聞き取りやすい，分かりやすい言葉を使い，専門用語，学術用語，外国語は避ける
■同音異義語や発音の聞き取りにくい言葉に注意して発音する
　[例]　私立と市立，渋谷と日比谷など

第2節　電話応対

2-2 電話の受け方

> **学習のポイント**
>
> ①電話の受け方の要領を知る。
> ②電話を取り次ぐときの要領を知る。
> ③電話応対における効果的なクッション言葉について学ぶ。

1．電話の受け方の要領

(1) メモを用意する

　　左手（利き手と反対の手）で受話器，右手（利き手）でメモを用意します。

(2) 用件の聞き方

　用件を聞くときは聞き違いに注意し，聞き終えたら聞き漏らしのないように復唱します。質問や確認事項があれば，かけた側の用件が終わってから話します。5W3H（When：いつ，Where：どこで，Who：誰が，What：何を，Why：なぜ，How：どのように，How much：幾ら，How many：幾つ）の要領でメモし，必ず内容を確認します。

(3) 聞き取りにくいときの対応

　電話の声が聞き取りにくい場合でも，「聞こえにくいのですが」「大きな声でお願いします」などとは言わず，「お電話が遠いようですが」と言って，相手に聞き取りにくいことを伝えます。

(4) 間違い電話への対応

　間違い電話がかかってきた場合は「お間違いではございませんか」と言うだけではなく，「こちらは○○会社ですが」と社名を伝えましょう。必要ならば自社の電話番号を伝えます。間違いでも丁寧に対応します。

2. 電話を取り次ぐときの要領

(1) 上司への取り次ぎ

　秘書が行う主な電話応対は，上司にかかってきた電話への応対です。上司に取り次ぐときの言葉遣いや，素早く対処をするための要領を理解しておきましょう。
①誰からか，どのような用件かを確かめる
「○○の件でございますね。かしこまりました。ただ今○○（上司）におつなぎいたしますので，少々お待ちください」と言って保留にします。
②上司に相手の名前と用件を伝えて，取り次ぐ
「○○様から，○○の件でお電話です」と言って取り次ぎます。

(2) 上司が対応できないとき（不在など）

　上司が他の電話に出ていて対応できないときや，不在の場合は，そのことを告げて相手の意向を聞きます。
①**不在の場合**
「申し訳ありません。○○（上司）はただ今外出しております。いかがなさいますか」などと相手の意向を聞きます。
　社内など信頼できる人から「戻る時間を知りたい」と言われたら，「○時頃戻る予定です」と上司の戻る時刻を伝えます。上司が戻ったら電話があったことを伝えます。
「伝言をお願いします」と言われた場合は用件をメモし，復唱，確認します。用件を聞き終えたら，相手の名前を再確認し自分の名前と所属を告げます。自分の名前を告げるのは，この電話は私が出ました，上司に責任を持って伝えますと責任の所在をはっきりさせるためです。
②**他の電話に出ている場合**
「申し訳ございません。ただ今，他の電話に出ております。長くなりそうですので，こちらからおかけするようにいたします」と言います。
③**上司が会議中の場合**
　上司は会議中であることを伝え，急ぎの用事かどうか相手に確認します。急な用事であれば，概略のメモを会議中の上司に見せます。その後は上司の判断に従います。急な場合であっても，口頭での伝言や呼び出しは避けるべきです。

（3）好印象を与えるための方法

　電話応対において相手によい印象を与えるためには，クッション言葉を活用するのが効果的です。クッション言葉とは，言葉の前に置くことによって表現がやわらかくなる言葉であり，代表的なものは「失礼ですが」「恐れ入りますが」などです。表現がやわらかくなることで，円滑なコミュニケーションを取ることができます。

　クッション言葉の例を幾つか挙げておきます。
- 「恐れ入りますが，もう一度おっしゃっていただけますか」
- 「あいにく，○○はただ今外出しております」
- 「失礼ですが，お名前をお教えいただけますか」
- 「誠に申し訳ございませんが，お電話をおつなぎすることはいたしかねます」
- 「お手数をおかけいたしますが，資料をお送りいただけますか」
- 「お差し支えなければ，ご用件を伺いますが」
- 「せっかくですが，今回は辞退させていただきます」

第 2 節　電話応対
2-3 電話のかけ方

学習のポイント

①電話をかけるときの注意点と基本的な流れを理解する。
②相手が不在であった場合の対応について理解する。

1. 電話のかけ方の要領

(1) かける前の準備

電話をかける前には，用件や相手の情報などを整理しておきます。以下の点に注意して，準備を行います。
■メモ用紙，筆記用具を整える
■用件のテーマ・内容・話の順番をメモする
■必要な資料，書類をそろえておく
■相手の所属や職位，肩書，電話番号が間違いないか確かめる

(2) 電話のかけ方

電話をかける際の基本的な流れは以下の通りです。

①社名と名前を名乗り話したい相手への取り次ぎを頼む

「○○会社の○○と申します。○○課の○○様をお願いします」と言って取り次いでもらいます。

②話したい相手が出たらもう一度社名と名前を名乗り，簡単にあいさつする

「○○会社の○○と申します。いつもお世話になっております」とあいさつをします。

③用件を伝える

「○○の件でお電話いたしました。ただ今お時間よろしいですか」と相手の都合を確認します。多忙な相手に出てもらったときは「お忙しいところ，お呼び立てして申し訳ございません」と一言添えるとより丁寧です。

その後，用件を要領よく話します。少し複雑な内容のときに要領よく話すためには，あらかじめ伝えることを箇条書きなどでメモしておきます。

④用件が済んだらあいさつして切る

「○○の件，どうぞよろしくお願いいたします。失礼いたします」と用件を念押しして，丁寧にあいさつをして静かに受話器を置きます。

2．電話をかける際の注意点

(1) 相手が出られない場合

さまざまな理由で，相手が電話に出られない場合があります。例えば，相手が不在あるいは会議中であったり，他の電話に出ているなどの状況です。

他の電話に出ているがもうすぐ終わりそうという様子であれば，「よろしければこのまま待たせていただきますが」と言って保留にしてもらえるよう頼んでもよいでしょう。

相手が不在のときは，基本的には後でかけ直すことになります。「それではかけ直しますが，何時ごろお戻りになりますでしょうか」と，戻る時間を確認します。用件によっては伝言で済む場合や，他にも担当者がいる場合もあるので，必要に応じて次のような対応をします。

■戻る時間を確認する
■電話があったことを伝えてもらう
■伝言をお願いする
■他の担当者に代わってもらう
■戻ったら折り返し電話をお願いする

伝言を頼んだ際には，最後にもう一度名乗るとよいでしょう。

(2) 話している途中で電話が切れたとき

話している途中で電話が切れたときは，どちらが原因かにかかわらず，こちらからかけ直しましょう。「失礼いたしました。先ほどの続きでございますが」と言って続きを話します。

(3) 分からないことを聞かれたとき

電話で，すぐに答えられないことを聞かれたら，保留にして相手を待たせるのではなく，調べて後で電話するようにしましょう。調べて折り返し電話したときは，「先ほどは失礼いたしました。先ほどの件ですが」と言って話します。

第3節　来客応対

3-1 来客の受付と案内

> **学習のポイント**
>
> ①接遇の目的と心構えを理解し，接遇用語を身に付ける。
> ②受付と来客の取り次ぎのマナーについて理解する。
> ③客を案内するときのマナーを学ぶ。

1．接遇における心構えと接遇用語

（1）接遇の目的と心構え

　接遇の目的は，来客に最良のおもてなしをして満足してもらい，望ましい人間関係を築くことです。秘書は毎日たくさんの来客と接することになります。お客さまの気持ちを察し，一人一人に対して思いやりを持って接することが大切です。また，形だけ丁寧にするのではなく，誠実に応対することを心がけましょう。
　接客の心構えは以下の4点です。

- ■丁寧さ……ほほ笑み，やわらかい言葉遣い，感じのよい態度など
- ■正確さ……相手が言ったことを「復唱」し，間違いがないように確実に処理する
- ■迅速さ……来客を長く待たせてはいけない。仕方なく待たせるときは理由を説明する
- ■公平さ……来客の応対は先着順，受付順が原則。地位，年齢などで差別しない

（2）接遇用語

　受付でよく使う接遇用語を覚えましょう。ただ言えばよいというわけではありません。それぞれの言葉に合った表情で，気持ちを込めてあいさつします。

- ■「いらっしゃいませ」
- ■「お約束でしょうか」
- ■「お待ちしておりました」
- ■「失礼ですが，どちらさまでいらっしゃいますか」
- ■「失礼ですが，どのようなご用件でしょうか」
- ■「私どものどの者を呼んでまいりましょうか」
- ■「担当の者の名前はお分かりでしょうか」
- ■「かしこまりました」

■「お待ちくださいませ」
■「少々お待ちいただけますか」
■「ただ今参ります」

2. 受付
(1) 来客取り次ぎのマナー

　お客さまの姿が見えたら，座っている場合は椅子から立ち上がり「いらっしゃいませ」と一礼します。
　お客さまが名刺を出したら「お預かりします」と言って両手で受け取り，相手の社名と名前を確認します。お客さまが名刺を出さなかった場合は，会社名と名前，用件，予約の有無を丁寧に聞き，用件を聞き終えたら内容を復唱して取り次ぎます。
　アポイントメント（面会予約）のあるお客さまと，ないお客さまでは対応が異なるので注意が必要です。

①アポイントメントのあるお客さまの対応
　用件を確認する必要はありません。「お待ちしておりました」の言葉を添えてお客さまを迎えます。

②アポイントメントのないお客さまの対応
　アポイントメントがないからといって，来社したお客さまを雑に扱ってはいけません。相手がどのような人であっても丁寧に「いらっしゃいませ」とあいさつします。それから相手の会社名と名前を確認し，どういった用件で来社したのか聞きます。上司もしくは名指し人がいるかいないかは伝えずに，「少々お待ちくださいませ」と言って面会するかどうかを上司に確かめます。

③上司が来客と面談中に別の来客があった場合
　相手の会社名と名前を確認し，用件を聞きます。アポイントメントのあるお客さまの場合は，お客さまを応接室に通して事情を説明し，待ってもらいます。
　不意に訪れた得意先から上司との面会を望まれた場合は，上司にその旨をメモで知らせます。上司の意向を聞いたら，それを来客に伝えます。待たせる場合は椅子を勧め，「しばらくお待ちください。よろしければどうぞご覧ください」と言って新聞や雑誌などを近くに置きます。
　異動のあいさつなどの場合は，上司は面談中であることを伝え，代わりの者でもよいか尋ねます。

④面会を断る場合

　上司が多忙などの理由で都合が悪い場合は，「お目にかかれないかもしれませんが」と前置きして取り次ぎます。取り次いでみたものの，やはり面会ができないときは上司に代わってお客さまに謝罪します。次の面会の予約をするかどうか尋ね，希望があれば面会予約を受けます。

　寄付や賛助を強要するお客さまの場合は，社内の所定の部署に取り次ぎます。上司を名指ししたとしても，上司に取り次ぐ必要はありません。

(2) 紹介のマナー

　紹介の際には立場の違いにより，紹介する順番があります。どちらから先に紹介するのかは，相手や状況によって異なり，以下のような方法が基本となります。
■地位に上下がある場合……目下の者を目上の者に紹介し，次に目上を目下に紹介する
　（地位の差は，年齢，性別に関係なく優先）
■年齢差がある場合……年齢が若い人を年上の人に紹介する
■地位，年齢が同じくらいの場合……紹介者が自分から見て親しい人を先に紹介する
■紹介を希望する場合……紹介してもらいたいと希望する人を先に紹介する
■一人を大勢に紹介する場合……先に一人を紹介し，後から大勢の各人を紹介する

(3) 名刺の取り扱い

　名刺を交換するときは必ず立ち，両手で持って渡します。名刺の向きは相手が会社名，氏名を読めるようにします。相手の目を見ながら，「○○会社の○○と申します」と会社名と氏名をフルネームではっきりと述べましょう。

　相手から名刺を差し出されたら，両手で受け取り「○○会社の○○様でいらっしゃいますね」と会社名と名前を確認します。読み方が分からないときは「失礼ですが，何とお読みするのでしょうか」と尋ね，教わったら「失礼いたしました」と言葉を添えます。渡された名刺は話をしながらいじったりしないように丁寧に扱いましょう。

3. 案内

(1) 案内の手順とマナー

　来客を会議室や応接室に案内するときは，迅速かつ安全に導くことを心がけます。「応接室へご案内します」などと行き先を告げ，お客さまの斜め前を歩きながらときどき後ろを振り返り，離れ過ぎないように歩く速度を合わせます。

　廊下を曲がるときや階段を上るときは，「こちらでございます」と言って進む方向を手のひらで示します。指で指すのは間違いです。

　笑顔での案内は，初めて会社を訪問したお客さまに安心感を与えることができ，企業の好印象にもつながります。

①エレベーターに乗るとき

「○階にまいります」と行き先を告げます。エレベーターに乗務員がいる場合は，お客さまを先に乗せます。誰も乗っていなければ自分が先に乗り，「開く」のボタンを押してお客さまを招き入れます。降りるときはお客さまに先に降りていただくのが原則です。

②応接室に入るとき

「こちらでございます」と言ってノックしてからドアを開けます。

　ドアが外開きのときは，ドアを開けてお客さまを先に中に通します。内開きのときは自分が先に入りドアを押さえて，お客さまを中に招き入れます。

　部屋に入ったら，「こちらでお待ちいただけますでしょうか」などと上座の席を勧めます。

外開きのドアの場合　　　　内開きのドアの場合

(2) 応接室のマナー

お客さまを応接室に案内する際には以下の点に注意します。

①上座と下座
応接室の席次をわきまえてお客さまに上座を勧めます。上座は出入り口から遠い座席です。出入り口から近い座席が下座になります。長椅子と一人がけの椅子がある場合，長椅子が上座となります。

②コートや傘など
コートや傘などの持ち物がある場合，「よろしければお預かりいたしましょうか」と言って預かります。受け取った荷物の置き場所を示し「こちらに置いておきます」と伝えます。また，受付などで預かっておき，帰るときに手渡しで返すこともあります。

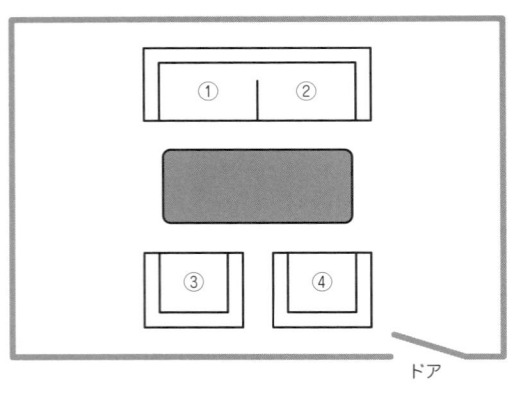

応接室の上座と下座
（数字の小さいものが上座）

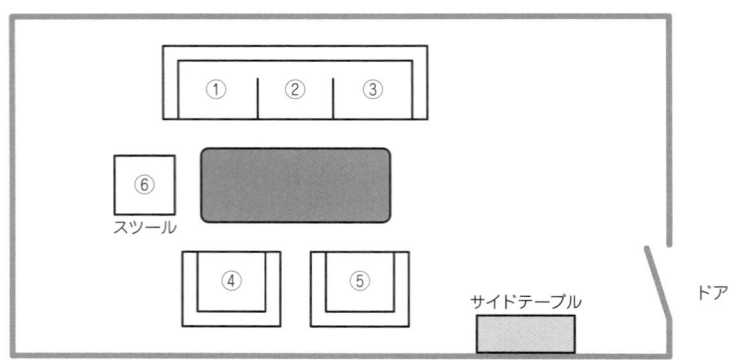

※スツールとは背もたれのない一人用の椅子のこと

第4章 マナー・接遇

第3節　来客応対

3-2 茶菓接待

学習のポイント

①来客への茶菓接待のマナーを理解する。
②お茶の出し方を学ぶ。

1．茶菓接待のマナー

　来社したお客さまにお茶やお菓子を出してもてなす理由は、相手に「来社していただき誠にありがとうございます」という気持ちを伝えるためです。また、仕事で取引先を訪問するのは緊張することでもあるので、その緊張を和らげる効果もあります。おもてなしの意味や効果をよく理解し、茶菓接待の基本を身に付けておきましょう。

　茶菓接待については以下の項目を心がけます。

①飲み物の種類に気を配る

　季節や気温、お客さまによって、温かいお茶やコーヒー、冷たいお茶など、出すものは変わります。会議などで事前に用意する場合は、種類などについて打ち合わせをしておきます。

②名刺交換をしているときは、終わるまで待つ

　応接室にお茶を運んだときに、上司とお客さまとが立ち上がって名刺交換をしていることもあります。そのようなときは、名刺交換が終わって上司とお客さまが席に着くのを待ってから、一人一人の前にお茶を出します。

③素早く出すことを心がける

　既に用談に入っている場合や会話が弾んでいる場合、資料などがテーブルに広がっている場合は、邪魔にならないようにお茶を置くなどの配慮が求められます。

④お茶を取り替える

　上司が来る前にお客さまだけにお茶を出し、しばらく待たせることもあります。その場合、上司が来てから再びお茶を出しますが、このとき上司だけではなく来客の分も一緒に持っていきます。既に出してあったお茶がまだ残っていても、新たに入れたお茶と取り替えます。

⑤お茶の置き場所

　お茶を置くスペースがないときは，迷惑にならないように声をかけてお茶を置くスペースを空けてもらいます。配る際は相手に近づいて置きますが，部屋が狭いなどの理由で相手に近づけないときは，お茶を回してもらえるように頼んでも問題ありません。

2．お茶の入れ方

　お茶は種類によって入れ方が異なりますが，ここでは一般的な煎茶の入れ方について説明します

① 急須と人数分の茶わんを用意する。茶わんはひび割れや汚れがないか確認。問題なければ，茶わんを温めるためにお湯を入れる
② 急須に人数分の茶の葉を入れる
③ 茶わんを温めるために入れたお湯を急須に注ぎふたをして，1分ほど蒸らす（茶わんの湯を使うのは，湯温を70〜90℃にするため）
④ 複数回に分けて茶わんに少しずつお茶を注ぎ，同じ濃さになるようにする。分量は茶わんの七，八分目まで。たくさん注ぎ過ぎると，運ぶときにこぼす恐れがあり，お客さまも飲みづらくなるので注意する

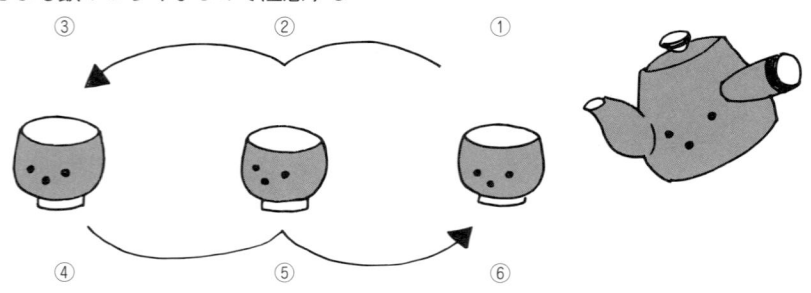

3．お茶の出し方

　お客さまにお茶を出すときには，次のような手順で行います。

① 茶わんと茶たくは別々にして，お盆に載せて運ぶ（茶たくに茶わんを載せて運ぶと，途中でお茶がこぼれて茶たくをぬらすことがあるから）
② ノックをして入室し「いらっしゃいませ」と軽くあいさつし，お盆をサイドテーブル（なければテーブル）に置いてセットする。書類や資料などでテーブルに置けない場合は，

片手でお盆を持ち反対の手でお茶を配る
③ 「失礼します」と声をかけて上座のお客さまから配る。茶わんの絵模様が来客の正面になるように，また茶たくが木製なら木目が横になるようにする。お菓子を出すときは，先にお菓子を出す。来客から見て左側にお菓子，右側にお茶を置く
④ 必ず布巾を用意する。万一こぼした場合は慌てずに「失礼いたしました」とわびて布巾で拭く
⑤ お茶とお菓子を出し終わったら，お盆を脇に抱えて入り口の所で一礼して退室する
⑥ お茶を片付けていいか聞く場合は「お茶をお下げしてよろしいですか」と言います

お盆のしつらえ

お盆を運ぶときは両手で持つ

サイドテーブルで茶たくに茶わんを載せお客さまに両手で出す

お菓子があるときは先に出し，来客から見て左にお菓子，右にお茶を置く

第3節　来客応対

3-3 見送りのマナーと乗り物の席次

学習のポイント

①見送りの際のマナーを知る。
②車などの乗り物の席次を理解する。

1．見送りのマナー

　お客さまの見送りは，さまざまな場面で行われます。どの場面でもお客さまの姿が見えなくなるまで見送るのが原則です。そのとき，お辞儀をすることを忘れてはいけません。

■部屋で見送る……立ち上がってやや深めに会釈し，「失礼いたします」「ごめんくださいませ」とあいさつをする
■エレベーター前で見送る……エレベーターの扉が開いたらお客さまを中に案内し，お客さまがエレベーターに乗ったら一礼する。ドアが閉まり，動き出すまで見送る
■玄関で車を見送る……一礼し，車が見えなくなるまで見送る

第4章 マナー・接遇

2. 乗り物の席次

乗り物に乗り合わせる際も，上位の人が上席になるようにします。

(1) 乗用車の場合

乗用車では，運転席の後ろが最上位で，助手席が最下位です。後部座席に3人座るときは中央が末席となります。車の席次は安全重視となるので，運転席の後ろである席が最上位です。奥の席なので乗り降りは多少大変かもしれませんが，安全性が優先されます。

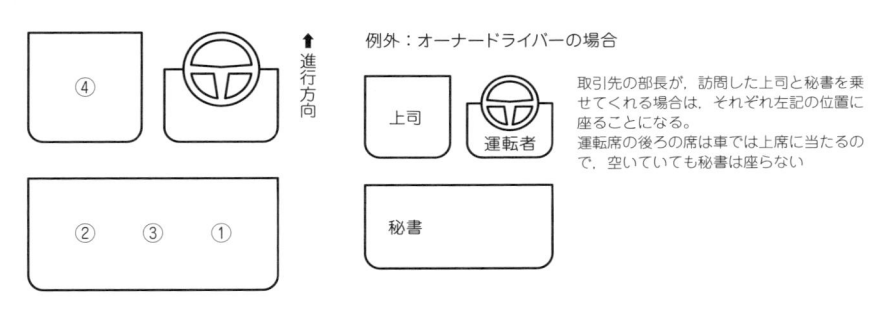

例外：オーナードライバーの場合

取引先の部長が，訪問した上司と秘書を乗せてくれる場合は，それぞれ左記の位置に座ることになる。
運転席の後ろの席は車では上席に当たるので，空いていても秘書は座らない

(2) 列車の場合

列車では，進行方向を向く席の窓側が最上位です。展望がよく，より快適に過ごせるからです。通路側より窓側，進行方向逆向きより正方向の席が上席となります。

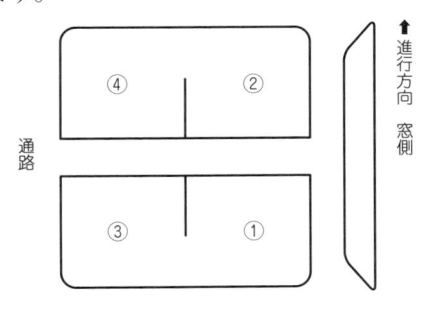

第4節　交際業務

4-1 慶事

学習のポイント

①慶事（お祝い事）にはどのようなものがあるのかを知る。
②慶事のマナーについて学ぶ。

1. 慶事とそのマナー

　慶事とは結婚や出産などの喜び事や入学，就職，昇進・栄転など，さまざまな祝い事を指します。
　中には，上司や会社が行う慶事の会合もあります。その準備の進行やお客さまの招待などを秘書が担当することがあります。
　慶事の種類とそれぞれにおける業務については，以下の通りです。

①昇進・栄転・就任
　昇進・栄転・就任はいずれも，職務上の地位が上がり，今までよりも高い地位や役職に就くことです。祝電を打つ，歓送迎会などを開き，祝います。転勤者にはお祝いや餞別を渡すこともあります。

②受賞・受章
　受賞は賞を受けることをいいます。受章は国から文化勲章，瑞宝章，旭日章，菊花章などの勲章や，紅綬，緑綬，紺綬，黄綬，紫綬，藍綬などの褒章を受けることをいいます。祝電を打つ，祝い状を出すなどし，親しい相手であれば上司自身が電話で直接お祝いを伝えることもあります。

③賀寿
　賀寿とは，古希（70歳），喜寿（77歳）など長寿の祝い事です。贈り物をしたり，お祝いの会に出席したりします（p.129 参照）。

④祝賀行事
　おめでたいことを祝う催しを祝賀行事と呼びます。祝賀行事に招待されたときなどには，お祝いの品を贈ります。招待状に同封されている出欠を知らせる返信はがきは，必ず指定期日までに出し，出席する場合はご祝儀を用意します（p.129〜130，p.164 参照）。

⑤結婚

　結婚式に対しては，祝電を打つ，お祝いの品を贈るなどします。披露宴に招待された場合はできるだけ出席します。

2．慶事の服装

　ほとんどの場合，慶事には上司が出席することになりますが，上司の代理として，もしくは手伝いとして秘書が出席することもあります。

(1) 秘書としてふさわしい服装

　秘書として慶事に参加する際は，礼服に準じた服装をします。ダークスーツやワンピースなどを着用し，花を胸に飾るかあまり派手ではない控えめなアクセサリーを着ける程度にします。振袖のような正装をする必要はありません。

　この場合，あくまでも秘書として出席するのであって招待客ではないことを自覚します。その後で職場に戻ることも考え，仕事ができる服装で参加するとよいでしょう。

(2) 慶事出席者（男性）の服装についての知識

　秘書は，上司から慶事の服装についてアドバイスを求められることもあります。知識として，男性の服装についても理解しておきましょう。

■午前および昼の服装……モーニング着用。ネクタイはシルバーグレーや白の無地，黒に白・銀・グレーなどのストライプのあるもの。ワイシャツと手袋は白。靴下と靴は黒

■日没，夜間の服装……燕尾服，タキシード。白いワイシャツ（タキシードの場合はひだ胸）。白いネクタイ（タキシードの場合は黒の蝶ネクタイ）。靴下は絹の黒。靴は黒のエナメル。ハンカチは白麻。手袋は白

■略式の服装……ダークスーツ，ブラックスーツ（ダークグレー，グレー，ダークブルーの無地か縞）。スーツ以外の着用はモーニングの場合と同様

■和装の場合……黒羽二重の羽織袴。染め抜きの五つ紋か三つ紋。着物は縞物でもよい

第4節　交際業務

4-2 弔事

学習のポイント

①弔事（葬式などのお悔やみ事）の対応について知る。
②弔事の心得とマナーについて理解する。

1. 弔事とは

弔事とは、死去、葬式などのお悔やみ事のことをいいます。慶事と異なり突然起こりますが、秘書は上司に関係するさまざまな人の弔事に対し、適切に対応する必要があります。

弔事に関する用語は次の通りです。
- 訃報……死去したという知らせ
- 故人……亡くなった人
- 逝去……人を敬ってその死をいう一般的な言葉
- 弔電……死を悔やむ電報
- 弔問……遺族を訪ねて悔やみを言うこと
- 弔辞……亡くなった人を弔い、その前で述べる悔やみ
- 香典……香や花の代わりに死者の霊前に供える金銭
- 供物……死者に供える物品
- 供花……死者に花を供えること、またはその花
- 喪主……葬儀を主催する当主。遺族の代表者
- 会葬……葬儀に参列すること
- 焼香……霊前で香をたいて拝むこと
- 喪中……亡くなった人の身内が喪に服している一定の期間
- 遺族……亡くなった人の後にのこされた家族

2. 訃報を受けた場合の対処

関係者などから訃報が入ったら正確な情報を確認します。訃報の場合、早とち

りすると大変な事態を招いてしまうので，特に間違いがないよう注意しなければなりません。確認すべき情報は以下の通りです。
■逝去日
■葬儀の形式（宗教など）
■葬儀の日時と場所
■喪主の氏名，住所，電話番号

　情報を確認したら上司に報告し，どのように対処するか打ち合わせをします。打ち合わせる内容は主に以下の内容です。
■弔電を打つかどうか，また打つ場合の文面と台紙
■上司が参列するか，代理が参列か
■香典の金額
■供物や供花の手配

3．上司の家族の訃報への対処

　上司の家族が亡くなった場合，秘書は上司の上役や部下といった関係者に葬儀の通知をします。また，秘書自身が葬儀の手伝いをすることもあります。受付などを担当しますが，基本的には上司の家族の指示に従って動きます。手伝いとはいっても，秘書自身も上司に関係する者として，一般の会葬者と同じく香典を用意し，会葬者芳名録（名簿）に名前を記入します。
　上司はしばらく会社を休むことになるので，留守中の業務についても適切に処理しなければなりません。上司の部下などと打ち合わせを行い，業務を進めます。

4．弔事の対応

　弔事は「通夜」「葬儀」「告別式」「法要」の順で行われます。
①通夜
　通夜は葬儀の前夜に夜を通して行う儀式です。死去を知ったら，故人と関係の深かった場合にはなるべく早くお悔やみに行き，通夜に参列します。
②供物の用意
　供物は祭壇に供えるものなので，通夜，あるいは葬儀の前日までに届くようにします。特に故人との関係が深いときは，必ず葬儀の前日までに供物を届けます。
　宗教によって供える物が違うので注意が必要です。

■仏教……生花，造花，果物，茶など
■神道……果物，酒，魚，榊など
■キリスト教……白系統の生花など

　遠方の場合，現金書留で香典を送ります。不祝儀袋(ぶしゅうぎぶくろ)にお金を包み，上書きをしてから(p.129〜131参照)，お悔やみの手紙を添えて現金書留の封筒に入れます。
　香典を持参する場合は，不祝儀袋をふくさ（絹の小さな風呂敷）で包んで持っていきます。

③**葬儀・告別式**
　葬儀は故人の関わっていた宗教に基づいて行われます。宗教の主な種類は，仏式，神式，キリスト教式，無宗教式などです。仏式と神式では葬儀の後に，故人と最後のあいさつをする告別式が行われます。故人との関係がさほど深くないときは，告別式だけに参列します。
　遠方などの理由で葬儀や告別式に参列できないときは，弔電を打ちます。

④**法要**
　仏式・神式では日を改めて法事を営み，故人の冥福を祈ります。仏式では忌明(きあ)けの七七日(なななのか)（四十九日(しじゅうくにち)）は盛大に行います。法要は年忌として1年後の一周忌，2年後の三回忌などを行うのが一般的です。

5. 弔事の服装

　弔事の服装は以下の通りです。
■通夜……喪服でなくてもよい。男性はダークスーツ，黒ネクタイ。女性は地味なワンピースやスーツなどが一般的
■葬儀，告別式……男性はモーニングが正式。通常は略礼服かダークスーツ，白いワイシャツを着用する。ネクタイ・靴下・靴は黒で統一。女性は黒のスーツなどの喪服と黒の靴。アクセサリーは結婚指輪と一連のパール以外は避ける。ハンドバックは光沢のない黒いものにする

　また会社から直接，通夜や告別式などに出向く場合もあります。秘書は急な訃報に備え，日頃から以下の物を準備しておくとよいでしょう。
■数珠(じゅず)
■黒のネクタイ
■不祝儀袋
■不祝儀袋を包むふくさ

6. 葬儀での心得

(1) 葬儀，告別式への参列

　葬儀，告別式は，それぞれ1時間程度で行われます。取引先など顔見知りの人と会っても，黙礼程度にとどめましょう。
　告別式では，葬儀社などの進行係の案内に従って順番に礼拝をします。
　仏式では，一般的に祭壇の右側に遺族と親族が並び，正面に会葬者が座ります。僧侶の読経が始まってから，会葬者は案内に従って焼香をします。
　用事がある場合は済んだら帰っても構いませんが，できれば告別式が終わり出棺を見送ってから帰るようにしましょう。このとき，遺族にあいさつをせずに帰ってよいことになっています。
　秘書は，上司の代理で告別式などに出席することがあります。受付で「このたびはご愁傷さまでございます」「お悔やみ申し上げます」などとあいさつし，上司の名前を書いた香典を「ご霊前にお願いいたします」と言って渡します。会葬者芳名録には，会社名と上司の名前を書き，下に（代）と書きます。

(2) 礼拝の仕方

　仏式，神式，キリスト教式のそれぞれで礼拝の仕方が異なります。

①仏式

　仏式では，以下の手順で焼香を行います。

- ❶遺族に会釈し，焼香台に進む
- ❷親指，人差し指，中指の3本で香をつまみ，少しおしいただいて（礼儀正しく顔の前面の上方にささげ持つ）香炉に入れる。焼香は1回ないし3回行う
- ❸焼香の後は合掌し，二，三歩下がって一礼する
- ❹遺族にもう一度会釈して戻る

②神式

　神式では，以下の手順で玉串奉奠（たまぐしほうてん）を行います。玉串とは榊の小枝に紙の紙垂（しで）を付けたものです。

- ❶神官から玉串を受け，そのまま台の前まで進む。根元を右手，枝先を左手で持つ
- ❷玉串を右に回し，根本の方を故人の方に向けて台に供える
- ❸二礼し，音を立てずに忍（しの）び手（て）（音がしないように打ち合わす柏手（かしわで）のこと。打ち合わせる寸前に止める）を打ち，さらに一礼する（二拍手一拝でもよい）
- ❹下がって戻る

仏式：焼香

焼香するときは，親指と人差し指，中指の3本でつまみ，少しおしいただいて香炉の中に入れる。1回ないし，3回行う

合掌する

神式：玉串奉奠

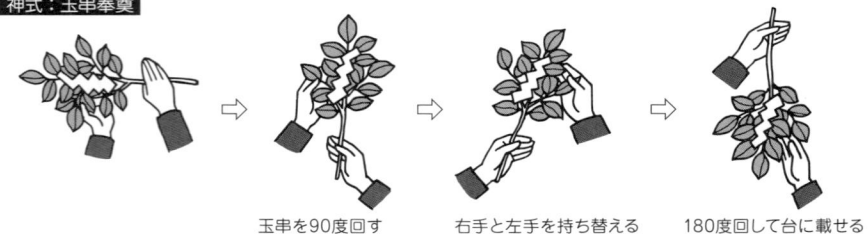

玉串を90度回す　　右手と左手を持ち替える　　180度回して台に載せる

③**キリスト教式**

キリスト教式では，以下の手順で献花を行います。
- ❶教会の入り口で花を受け取る。持ち方は花が右，茎が左
- ❷胸元に持ち，献花台の前まで進む
- ❸一礼して花を時計回りに回し，茎を向こう側にして献花台に置く

7. 社葬

　業務中に死亡した社員や会社に功績のあった社員，地位の高い社員や経営者などが亡くなったときに会社として行う葬儀を「社葬」といいます。

　秘書は，通夜では，会葬者の控え室の準備や接遇を担当します。告別式では主に受付で，会葬者に住所・氏名を記帳してもらったり，香典を預かって金額の整理をするなどの雑務を担当します。

第4節　交際業務

4-3 贈答とその他の交際業務

学習のポイント

①贈答の機会としきたりを知る。
②贈答のマナーについて理解する。
③上司が加入する諸会の事務を知る。

1．贈答の機会としきたり

秘書は上司から贈答を任されたとき，目的，相手との関係，相手の立場，予算などを考慮して相手に喜ばれる品選びをします。

贈答の機会と注意点は一般に次の通りです。

中元	地域によって異なるが，一般的には7月初めから15日までに贈る。これを過ぎたら暑中見舞いとする。夏期なので腐りやすい品物は避け，麺類・酒類などの涼感のあるものを選ぶ
歳暮	12月初めから20日ごろまでに贈る。中元と同様，恒例のことなので品物を選んだら配送はデパートなどに一任することが多い
結婚	知らせを受けたらできるだけ早く祝いの金品を届ける。持参するときは吉日の午前中がよい。近年は結婚披露宴時に届けることが多くなった
賀寿	長寿の祝いのこと。還暦（満60歳），古希（70歳），喜寿（77歳），傘寿（80歳），米寿（88歳），卒寿（90歳），白寿（99歳）などがある。贈る品物は絵画や焼き物など相手の趣味に合うものを選ぶ
病気見舞い	現金や図書カードなどが喜ばれる。菓子や果物は病状により食べられない場合があるので避けた方が無難。鉢植えの花や香りの強い花は避ける。病院への見舞いは面会時間や病状を確認する
落成式，記念式	招待状を受け取ったら早めに祝いの品を届ける。花や花瓶などを贈ることが多い

2．贈答のマナー

（1）現金の包み方

現金を贈る場合，状況に合わせた包み方のしきたりがあります。慶事に贈るのが祝儀，弔事に贈るのが不祝儀です。最近では，市販の祝儀袋・不祝儀袋を使うのが一般的です。札を入れる中袋も付いているので利用するとよいでしょう。

以下の点に注意が必要です。
■慶事には新札を用意する。弔事の場合，新札ではない方がよいこともある
■上書きには，慶事の場合は濃い墨，弔事の場合は薄墨を使用する

(2) 水引のかけ方

　水引は，内容によって結び方が違うため，注意が必要です。ちょう結びには繰り返すという意味が含まれているので，出産や賀寿といった何度あってもいいような一般の祝い事に用いられます。それに対して結び切りは同じことを二度繰り返さないという願いが込められています。
■一般の祝い用……紅白の水引をちょう結びにする
■結婚祝い用……紅白または金銀の結び切り
■弔事用……黒白または銀白の結び切り
■病気見舞い……白封筒に上書きを書くだけにする（水引はかけない）

(3) 記名の仕方

　個人で贈る場合は，水引の下中央に姓名を記入します。
　連名で贈る場合は，右端が最上位の人となるように記入し，人数は多くても3名までにします。4名以上の場合は，「○○ほか○名」などと書いて別紙に氏名を連記し，袋に入れます。
　また，包みの表に名刺を貼るのは略式なので，避けた方がよいでしょう。

ちょう結び	結び切り
御祝 株式会社三友商事 広報部一同	寿 高田誠一 橋本真司 山下美智子

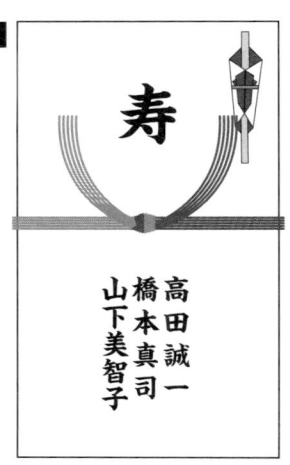

（4）上書きの書き方

状況によって上書きの言葉は異なります。主なものを覚えておきましょう。

上書きの言葉		目　的
御祝	慶事	結婚，結婚記念日，出産，新築，開店・開業，入学・卒業，受賞，栄転などの一般の慶事
寿		結婚，結婚記念日，出産，賀寿など。また，そのお返し
内祝		慶事，出産，快気祝い，新築などの当人からのお返し
御霊前，御香典，御香料，御仏前	弔事	仏式の葬儀，告別式。御仏前は法要の後
御霊前，御神前，御玉串料，御榊料		神式の葬儀，告別式，年祭
御霊前，御花料，御花輪料		キリスト教式の葬式，追悼式，記念式
志，忌明		香典返し（仏式，神式の場合）
御布施		葬儀や法事で，お寺や僧侶に出すもので，お礼のときに使う
謝礼，薄謝，寸志	その他	一般のお礼。寸志は祝儀・不祝儀に関係なく，目下の人に謝礼を包むときに使う
御見舞い，祈御全快（いのるごぜんかい）		病気，けが，入院したとき
御見舞		災害や火災などのお見舞い
陣中御見舞い		合宿や舞台などへのお見舞い，差し入れのとき
暑中御見舞い		立秋（8月8日頃）までに出す，日頃のお礼
残暑御見舞い		立秋以降に出す，日頃のお礼
寒中御見舞い		立春（2月4日頃）までに出す，日頃のお礼
記念品，記念品料，御餞別		転勤や送別会のとき
粗品		訪問するときの手土産
御奉納，御祝儀		地域の祭礼の寄付，心付け（チップ）
金一封		寄付金，賞金，報奨金

(5) 贈答に関係する日本の暦

　贈答の習慣は，古くからの利用されてきた暦と密接な関係があります。贈る品を選ぶとき，贈る日を決めるときに，暦を理解しておくことも大切です。
　二十四節気は1年を春夏秋冬の四つの季節に分け，さらにそれぞれを六つに分けたものです。現在でも立春，春分，夏至，冬至など，季節を表す言葉として用いられています。
　六曜は，日の吉凶を表す六つの日です。意味の解釈はさまざまあり，どれが正しいという基準はありませんが，現在も広く利用されています。

季節	二十四節気	新暦の日付
春	立春 （りっしゅん）	2月 4日頃
	雨水 （うすい）	2月19日頃
	啓蟄 （けいちつ）	3月 5日頃
	春分 （しゅんぶん）	3月21日頃
	清明 （せいめい）	4月 5日頃
	穀雨 （こくう）	4月20日頃
夏	立夏 （りっか）	5月 5日頃
	小満 （しょうまん）	5月21日頃
	芒種 （ぼうしゅ）	6月 6日頃
	夏至 （げし）	6月21日頃
	小暑 （しょうしょ）	7月 7日頃
	大暑 （たいしょ）	7月23日頃
秋	立秋 （りっしゅう）	8月 8日頃
	処暑 （しょしょ）	8月23日頃
	白露 （はくろ）	9月 8日頃
	秋分 （しゅうぶん）	9月23日頃
	寒露 （かんろ）	10月 8日頃
	霜降 （そうこう）	10月24日頃
冬	立冬 （りっとう）	11月 7日頃
	小雪 （しょうせつ）	11月22日頃
	大雪 （たいせつ）	12月 7日頃
	冬至 （とうじ）	12月21日頃
	小寒 （しょうかん）	1月 5日頃
	大寒 （だいかん）	1月21日頃

六曜	意味
先勝 （せんしょう，さきかち）	急ぐことによい　午前は吉，午後は凶
友引 （ともびき）	葬儀は避けた方がよい　朝夕は吉，正午は凶など
先負 （せんぷ，さきまけ）	急ぎの用事は避けた方がよい　午前は凶，午後は吉
仏滅 （ぶつめつ）	何事も避けた方がよいが，葬儀や法事は構わない
大安 （たいあん）	何をするにもよい日
赤口 （しゃっく，しゃっこう）	火の元，刃物に注意する　正午は吉，朝夕は凶

3. 上司が加入している諸会の事務取り扱いについて

　上司は人脈を拡大したり情報収集をするために，各種の団体や会に加入します。そこでつかんだ人脈や情報はさまざまな方面で生かされ，ビジネスチャンスが生まれる可能性もあります。秘書は上司の諸会での活動は企業の利益につながるという認識を持って，事務を取り扱う必要があります。事務作業を通して，会や団体における上司の地位や役割などを把握しておくとよいでしょう。
　上司が参加する主な団体には次のようなものがあります。
■出身地や出身校に関する団体（同窓会など）
■研究，学術団体
■福祉，慈善団体
■公益法人
■経済団体
■文化，芸術，スポーツ関係の団体
■官庁，民間の各種委員会
　秘書はそれらの団体の活動について，名簿や行事予定の作成，諸会の会員からの問い合わせへの応対といった事務作業を行います。

過去問題チェック

[1] 次は話の聞き方について述べたものである。中から<u>不適当</u>と思われるものを一つ選びなさい。　　　　　　（2級）

(1) 自分に対する苦言のようなことでも，感情的にならずに聞かないといけない。
(2) 応答が相手とかみ合っていなければ，相手の話を正確に受け止めていないことになる。
(3) 話は相手の表情やしぐさ，声の調子などから，言いたいことを酌み取りながら聞くものである。
(4) 聞くときの態度が悪いと相手は真意を話さないことがあるので，話を聞くときの態度は重要である。
(5) 相手が話しやすいように，声が小さくて聞き取れないときでも聞こえているように相づちを打たないといけない。

[2] 次は山田部長秘書Aの，来客に対する言葉遣いである。中から<u>不適当</u>と思われるものを一つ選びなさい。　　　（3級）

(1)「よろしければお車をお呼びしましょうか」
(2)「部長の山田は間もなくこちらにおいでになります」
(3)「お差し支えなければお名刺をお預かりしたいのですが」
(4)「山田はたった今出かけてしまいました。申し訳ございません」
(5)「お忙しい中をお越しくださいましてありがとうございました」

[3] 次は新人秘書Aが，電話応対のときに心がけていることである。中から<u>不適当</u>と思われるものを一つ選びなさい。　　　（3級）

(1) 用件が終わり電話を切るときは，「失礼いたします」と言いながらお辞儀をするようにしている。
(2) 複雑な内容のときは，相手に正確に伝わるように要点を書いたメモを見ながら話すようにしている。
(3) 用件が幾つかあるときは，相手が心積もりできるようにその件数を言ってから話すようにしている。
(4) 間違い電話がかかってきたときは，「そちらは何番ですか」と相手の番号を言ってもらうようにしている。
(5) 呼び出し音が鳴ってもすぐに受話器を取ることができなかったときは，「お待たせいたしました」と言ってから名乗っている。

[4] 秘書Aは上司（山田部長）の外出中に，取引先のF氏からの電話を取った。上司は外出していると伝えると，「戻ったら電話をもらいたい」と言われた。このような場合AはF氏に，上司に伝えるということをどのように言うのがよいか。次の中から**適当**と思われるものを一つ選びなさい。　　　（3級）

(1)「戻りましたら，F様にお電話なさるように申し伝えます」
(2)「山田が戻りましたら，F様にお電話されるように伝えます」
(3)「山田が戻りましたら，F様あてにお電話するよう申し伝えます」
(4)「戻りましたら，F様にお電話を差

し上げるよう山田に申し上げます」
(5)「山田が戻りましたらＦ様にお電話をさせるのですね。承知いたしました」

[5] 新人秘書Ａは先輩から，不意の来客に上司の在席を聞かれたときは，在席していても会うのは用件によってだから，在席していると言ってはいけないと教えられた。次はＡが，ではどのように言えばよいかを考えたことである。中から**適当**と思われるものを一つ選びなさい。　　　　　　　　　　（3級）

(1)「不意に来られても困るので，代理の者ではどうか」と言う。
(2)「予約がないと取り次げないので，出直してもらえないか」と言う。
(3)「上司に会うかどうか聞いてくるので，少し待ってもらえないか」と言う。
(4)「上司が席にいるかどうか確かめてくるので，用件を教えてもらえないか」と言う。
(5)「今日は上司の予定に空きがないので，分かる者を呼んでくるがどうか」と言う。

[6] 次は新人秘書Ａが，来客を応接室などへ案内するときの案内の仕方として先輩から指導されたことである。中から<u>不適当</u>と思われるものを一つ選びなさい。　（3級）

(1) 進む方向を手で示すときは，指をそろえて行く手を示すこと。
(2) 廊下を歩くときは，客のすぐ横を客の歩調に合わせて歩くようにすること。
(3) 曲がり角では立ち止まり，曲がる方向を手で示すようにすること。
(4) 案内する部屋の前に来たら，「こちらでございます」と客に声をかけて知らせること。
(5) ドアは空室の表示があってもノックして開け，客が入るまで押さえていること。

[7] 次は秘書Ａが，来客へお茶を出すときにしていることである。中から<u>不適当</u>と思われるものを一つ選びなさい。　　（2級）

(1) テーブルなどにお盆を置く所がないときは，片手でお盆を持ちもう一方の手でお茶を出している。
(2) 短時間の約束の来客には，来社時間が近くなったらお茶を入れておいてすぐに出せるようにしている。
(3) 来客が複数の場合には上位者から出しているが，上位者が分からないときは上座の人から出している。
(4) 手狭でお茶を出す相手のそばまで行けないときは，近くの人に「お回しいただけますか」と頼んで出している。
(5) テーブルの上に書類があり置けないときは，「お茶をお持ちしましたが」と言ってスペースをつくってもらうようにしている。

[8] 次は秘書Ａが，取引先などへの慶事の祝いについて日ごろ心がけていることである。中から<u>不適当</u>と思われるものを一つ選びなさい。　　（2級）

(1) 祝い状は，祝いの品が先方に届く日を確認し，その後に届くよう配慮している。
(2) 今後の参考のため贈り先別に，いつ何を贈ったかを記録しておくようにしている。
(3) 急に祝い金を包むことになったときに備え，新券をいつも用意しておくようにしている。
(4) 祝儀袋は，水引がちょう結びと結び切りの2種類をいつも用意しておくようにしている。
(5) 賀寿の祝いを忘れずに贈るために，取引先の役員の生年月日を控えておくようにしている。

[9] 営業部長秘書Aは上司の出張中，得意先の役員が亡くなったという知らせを受けた。そこでAは上司に知らせるため，得意先に次のことを尋ねた。中から<u>不適当</u>と思われるものを一つ選びなさい。　　**(2級)**

(1) 逝去の日
(2) 逝去の場所
(3) 喪主の氏名と続柄
(4) 葬儀の形式
(5) 葬儀の日時と場所

[10] 次は，贈答品を贈る一般的な期間を述べたものである。中から<u>不適当</u>と思われるものを一つ選びなさい。　　**(2級)**

(1) 歳暮は，12月初めから12月末日までである。
(2) 年賀は，1月3日から1月末日までである。
(3) 暑中見舞いは，7月中旬から立秋までである。
(4) 残暑見舞いは，立秋から9月初めごろまでである。
(5) 中元は，7月初めから7月15日（地方により8月15日）までである。

第 5 章

技能

第1節　会議

会議の形式や準備の仕方など会議に関する知識を身に付け，計画から準備，事後処理ができるようにします。

第2節　ビジネス文書の作成

ビジネスの場では情報伝達を正確に行うためにビジネス文書を用います。代表的なビジネス文書の特徴や作成の仕方について学びます。

第3節　ビジネス文書の取り扱い

ビジネスの場で受信，発信する文書には注意を要するものも含まれています。基本的な文書の取り扱いについて学びます。

第4節　資料管理

秘書は上司が必要とする資料を素早く提供しなければなりません。資料の整理方法や情報収集の仕方について学びます。

第5節　スケジュール管理

秘書は上司のスケジュールの調整や管理などを行います。基本的なスケジュールの管理方法を学びます。

第6節　環境整備

オフィスの環境を整えるための基本的な知識や事務用品，OA機器の扱い方について学びます。

第1節　会議

1-1 会議の目的と種類

> **学習のポイント**
> ①会議の目的を理解する。
> ②会議における秘書の役割を理解する。
> ③会議の種類や基本的な用語を学ぶ。

1. 会議の目的

　企業では組織を運営するために，さまざまな会議が開かれます。会議は社員の意思を統一したり，業務の決定を行う重要な場です。会議では，情報の伝達，情報の交換，相互啓発，意思決定，アイデアの収集などを行います。

2. 会議の重要性と秘書の役割

　上司がトップクラスの役職者の場合，仕事の大半が会議ということも少なくありません。メンバーとして会議に出席するだけでなく自ら会議を主催することも多く，秘書はその負担をできるだけ軽くするために，会場の設営から会議中の電話や来客の応対，会議の後始末などを行います。

3. 会議の種類

　会議は，目的などによって進め方や参加者が異なります。主な会議には以下のような種類があります。
- ■説明会議……リーダーや担当者が持っている情報や意思の伝達が目的の会議。原則，議論は行わない
- ■研究会議……参加者同士の情報交換や相互啓発，アイデアの収集が目的の会議
- ■問題解決会議……ある問題について，解決するための最善策を決めるための会議。この会議では意思決定を主に行う
- ■研修会議……リーダーあるいは主催者の意思を参加者に伝えるための会議。この会議では情報の伝達と相互啓発を行う。管理職研修などで用いられる

■アイデア会議……アイデアの収集が目的の会議。ブレーンストーミングが代表。実現できそうになくても自由にアイデアを出し合う

4．株式会社の重要会議

株式会社で行われる重要な会議には，株主総会，取締役会，常務会があります。

①株主総会
株主によって構成され，会社運営上の基本方針や重要事項を決めるための機関です。定時株主総会と臨時株主総会があります。前者は決算承認や役員の選任などを行い，後者は重大な決定事項があるときなど，必要に応じて開催されます。

②取締役会
株主総会で選任された取締役によって構成される機関。会社の業務執行の方針決定や，取締役の職務執行の監督などを行います。現在の会社法では基本的に設置は義務付けられていません。ただし，公開会社など特定の条件にある会社では設置は義務となっています。

③常務会
会社によっては，経営会議や最高経営会議などと呼びます。取締役のうち，代表取締役社長，副社長，専務取締役，常務取締役で構成されます。法的に定められた会議ではありませんが，事実上，会社運営の最高方針を決める会議です。

5．会議で使われる用語

会議に関してよく使われる用語には次のようなものがあります。

■招集……会議を開くためにメンバーを集めること（国会を開くときには「召集」を用いる）
■議案……会議で審議するための案件。議案が複数ある場合は，1号議案などと番号を付ける
■議決権行使書……総会などの会議を欠席する場合に，あらかじめ議案に対して賛否の意思を表明して，議決権を行使する文書のこと
■委任状……委任したことを記載した文書のこと。会議における委任状とは，委任状を預けた人に採決の賛否を一任すること
■定足数……会議の成立に必要な最低人員数のこと
■動議……会議中に予定された議案以外の議題を提出すること

■採決……挙手や起立，投票などの方法で参加者が意思表示し，議案の可否を決めること
■諮問・答申……上級者（組織）が下級者（組織）や学識経験者などに意見を求めることを諮問，それに対する答えを答申という。そのために選ばれたメンバーを諮問機関・諮問委員会などという
■分科会……大きな会議の下に設定された専門分野ごとの規模の小さい会議のこと。小委員会ともいう
■オブザーバー……会議で発言はできるが議決権はない人

第5章　技能

第1節　会議

1-2 会議の準備

学習のポイント

①会議の目的に合わせた準備ができるようにする。
②会議の準備の流れを理解する。
③会場に合ったレイアウトを学ぶ。

1．会議の準備に際しての留意点

　上司が関係する会議では，秘書はまず次のことを上司に確認します。
■会議の目的は何か
■上司が主催するのか，メンバーとして出席するのか
■社内での会議か，社外での会議か
■定例会議か，臨時会議か
　定例会議は，会議の最後に次回の開催日時を決めることがよくあります。臨時会議は，ほとんどが急に決まるため，迅速に準備をする必要があります。

2．上司がメンバーとして出席する会議の準備手順

　上司が会議のメンバーとして出席する場合，会議の開催通知が書面や電子メールなどで送られてきます。秘書は開催通知を受け取ったら次の要領で行います。
①上司に出欠の確認をする
②出欠が確定したら返信期日までに主催者に知らせる
③出席する場合，スケジュール表に記入する
④会費の払い込みや資料の準備をする
⑤会場までの交通手段の手配，場合によっては宿泊の手配をする
⑥会議の前日に，上司に変更点がないかどうか確認する

3．上司が主催する会議の準備

　上司が主催者として会議を開催する場合，参加人数に応じた会場の選定や参加

者の出欠確認などが必要となります。上司に指示を仰ぎ，以下の要領で会議の準備をします。
①参加者名簿を作成する
②会場・会議室の選定をする
③参加者に開催案内を送付し，出欠の確認をする
④資料の準備をする

　会場を手配する場合は，参加人数の他に備品の有無，照明や空調設備などを考慮する必要があります。また，社外の人を招く会議では名札の手配をしたり席順の確認をしたりします。
　その他，以下のことを上司に確認します。
■会議の記録の有無，記録者は誰にするのか
■会議中の接待や食事はどのようにするのか
■宿泊する人がいる場合，ホテルの手配をするのか

4．会議の開催案内

　会議の開催案内は正式には文書で行いますが，社内会議の場合は，電子メールや簡単な文書で連絡することがあります。社外の人を招く会議の場合は，約1カ月前までに案内状を送付します。案内状には次の項目を記入します。
■会議の名称
■開催日時（開始時刻と終了予定時刻）
■開催場所（会場名，部屋番号，地図，住所，電話番号，駐車場の有無など）
■議題
■出欠（連絡方法・締切日）
■主催者名（事務局）と連絡先（担当者名）
■食事・宿泊の手配の有無
■その他，添付書類や注意事項

　出席者には，会議で使う資料をできるだけ事前に送るようにします。その場合でも当日忘れた人のために予備を用意しておきます。

5. 会場の設営

　会場の設営は，会議を成功させるために必要な条件の一つです。会議の目的や参加人数，会場の広さに合わせて，机や椅子の配置をします。

①円卓式・ロの字形

　座席に序列がなく，全員が自由に発言できるのが特徴です。お互いの顔がよく見えるので，話し合いやアイデア会議などに適しています。人数が少ないときは円卓式，人数が多いときはロの字形にします。

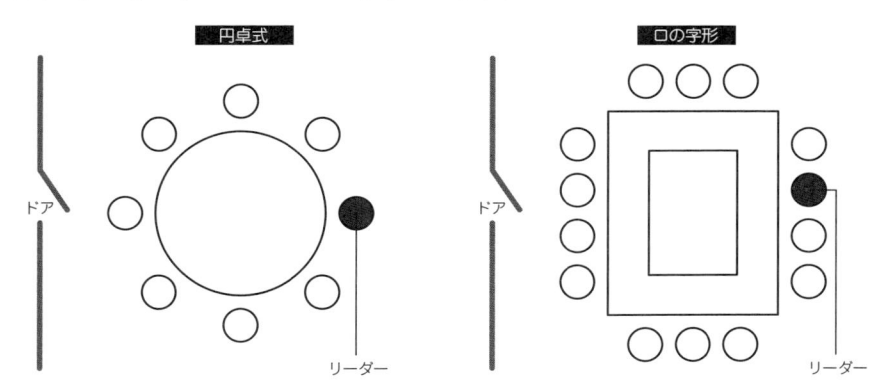

②コの字形・Ｖの字形

　研修会などでよく使われます。全員が前方を見やすいので，プロジェクターやビデオを使用する場合に適しています。

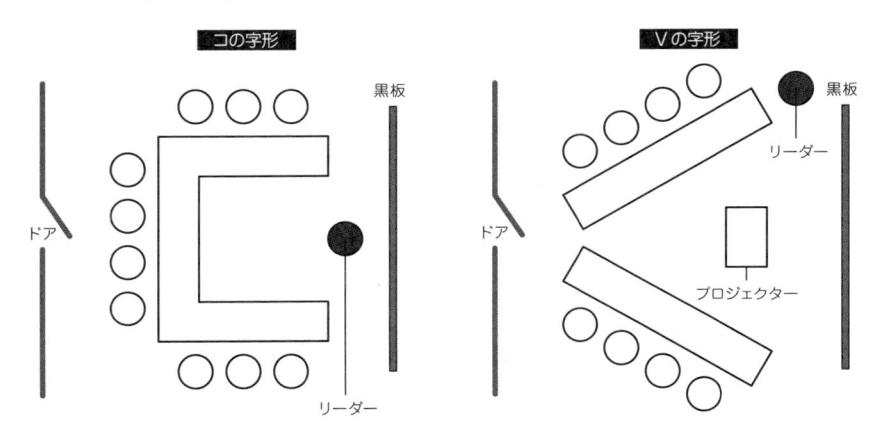

③**教室式（議事式）**

参加人数が多い場合や情報伝達をする場合に適しています。

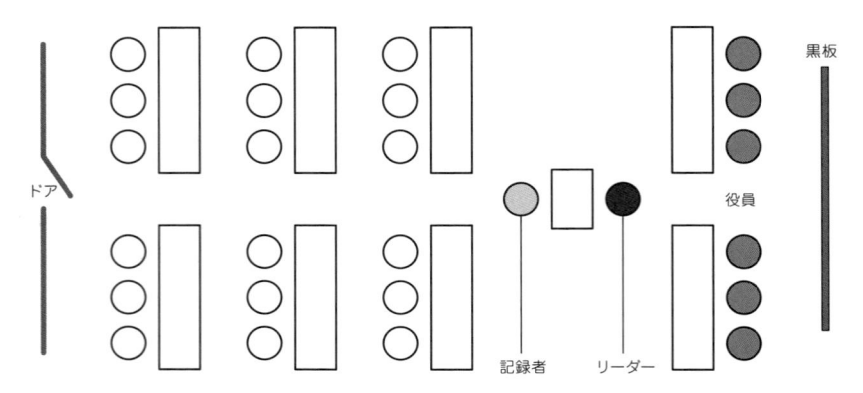

6．会議の事前準備

　会議をスムーズに運営するために，事前に次のことを準備しておきます。
■当日の役割分担を決める
■プロジェクターやスクリーン，ホワイトボードなど必要があれば用意し，故障や不備がないかチェックをする。ホワイトボード用のマーカーなどは使えるかどうかチェックする
■マイクや照明など電気関係をチェックする

第1節　会議

1-3 会議中の秘書の仕事

学習のポイント

①会議直前や会議中の仕事を把握する。
②会議中に電話があったときの対応を確認する。
③会議終了後の後始末の仕方を覚える。

1．上司が主催する会議での主な仕事

　上司が会議を主催する場合，準備から開催中，後始末に至るまで秘書にはさまざまな仕事があります。

(1) 出欠の確認

　参加予定者のリストに基づいて出欠の確認をします。会場前に受付を設置し，コートや荷物を預かったり，配布資料がある場合は渡します。開始時刻になったら出欠状況を上司に報告し，定刻が過ぎても来ない参加予定者には電話で連絡をします。

(2) 会場の管理

　会場内の冷暖房や換気の調節をします。また，預かったコートや荷物は紛失がないように確実に保管します。

(3) 茶菓の接待

　事前の打ち合わせに基づき，お茶やお菓子のサービスをします。また，会議の進行状況に応じてお茶の回数を増やすなどの配慮も必要です。

(4) 記録を取る

　秘書が記録を取り議事録にまとめることもあります。議事録には以下の項目を順に記載します。
①会議名・開催日時・場所
②主催者名，議長名，司会者名，参加者名（人数），欠席者名（人数）

③議題，発言者と主な内容
④決議事項
⑤議事録作成者名

2．会議中の電話の取り次ぎ

　会議中に電話がかかってきたときの取り次ぎ方を，事前に上司と打ち合わせをして決めます。会議を妨げないよう取り次ぎはメモで行い，口頭では伝えないようにします。

3．会議終了後の主な仕事

　会議終了後，秘書は参加者を見送り，会場の後片付けをします。
　参加者への対応は以下の手順で行います。
①車で帰る人の配車を手配する
②預かった荷物を間違いのないように返す
③会議中に受けた伝言を正確に伝える
　また，その後の会場の後片付けは以下の手順で行います。
①会場内に忘れ物がないかどうか確認する
②机を元通りにし，資料やコップを片付ける
③冷暖房・照明のスイッチを切る
④会議室の管理者に会議終了の報告をする

第2節　ビジネス文書の作成

2-1 ビジネス文書

学習のポイント

①ビジネス文書の種類と特徴を理解する。
②数字の表記の使い分けを学ぶ。

1．ビジネス文書とは

　企業の業務活動をスムーズに進めるために，一定のルールに従って作成した文書を「ビジネス文書」と呼びます。
　ビジネスの上では，電話や口頭で済まされる用件でも，「文書」によって伝達されることが多々あります。これを「文書主義の原則」といいます。
　文書が多用されるのは，以下のような機能を持っているからです。
■証拠として残る
■正確に伝わる
■大勢の人に一度に伝わる
　ビジネス文書には，会社内で通知や報告などに用いる「社内文書」と商取引など企業間のやりとりで用いる「社外文書」の2種類があります。

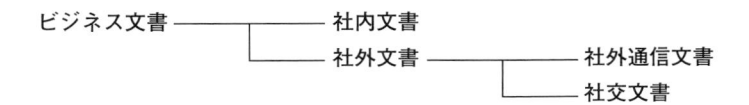

```
ビジネス文書 ─┬─ 社内文書
              └─ 社外文書 ─┬─ 社外通信文書
                            └─ 社交文書
```

2．ビジネス文書の特徴

　ビジネス文書の主な特徴は以下の3点です。

（1）横書きが基本

　ビジネス文書では，その性質上，数量や金額，日時などを記す場合が多くあります。そのため，作成するときは横書きで書くのが基本です。

(2) 1文書1件の原則

　一つの文書に複数の用件が書かれていると，内容が分かりにくくなるだけでなく，文書の管理にも支障を来します。どのような場合でも，一つの文書に対し用件は一つです。

(3) 数字の表記

　文書の作成では，言葉遣いや送り仮名の他に数字の書き表し方にも気を付けなければなりません。算用数字と漢数字の特徴をきちんと理解して使い分ける必要があります。

■算用数字（1，2，3）……番号を振るときや金額，数量などを書き表すときに使う
■漢数字（一，二，三）……固有名詞（九州，四国），概数（数百人），ヒト，フタ，ミなどと読む場合（一人，二通り），成語（二人三脚，四方八方）などのときに用いる

「1万」「3億」など，大きい単位の数字を表すときには算用数字と漢数字を合わせて使う場合もあります。

第 2 節　ビジネス文書の作成

2-2 社内文書

学習のポイント

①社内文書の種類と特徴を理解する。
②社内文書の形式を覚える。

1. 社内文書の種類

社内文書には次のものがあります。それぞれの社内文書の特性を理解して，文書を作成します。
■通知文書……上層部が社員や職員に宛てて必要な命令や情報を伝えるための文書。夏期休暇のお知らせ，懇親会のご案内など
■稟議書(りんぎ)……担当者の権限を越える案件について，「～してよろしいですか」と上位者に伺いを立て，承認と決裁（権限に基づく決定）をしてもらうための文書。起案書，回議書ともいう
■報告書……事実や経過，結果を報告する文書。出張報告書，調査報告書，研修参加報告書などがある。定期的に提出する報告書には，業務日報や月報がある
■回覧文書……関係部署に順次回していく文書。回覧先が記してあり，読んだら捺印して次に渡す
■上申書……上司や上役に事実や意見を申し述べる文書

2. 社内文書作成上の留意点

社内文書を作成するときは，以下の4点に注意します。

（1）文書は短く，簡潔に書く

社内用であるため礼儀は最小限とし，迅速に内容伝達することを目指します。そのためには，長い文章は避け主語・述語をはっきりさせます。重要事項の伝達には箇条書きを用います。

(2) 頭語・結語・あいさつは省略する

簡潔さが求められる社内文書には必要ありません。文末は「以上」で締めくくります。

(3) 丁寧な表現は控える

「〜いたします」は「〜します」,「お願い申し上げます」は「お願いします」など,簡潔に書くことを心がけます。

(4) フォーム化する

よく使う文書はフォーム化し,必要な箇所だけ記入するようにします。これによって,文書の作成が効率的に行え,受け取る側も文書の内容が理解しやすくなります。

3. 社内文書の形式

基本的なスタイルに沿って作成します。企業によっては,文書マニュアルが定められている場合もあるので,それに従って作成します。基本的なスタイルは以下の通りです。

①文書番号……文書を効率的に管理するためのもの。右上に記入。一般的には年度,発信部課名,通し番号を組み合わせた数字となる。また,文書によっては付けない場合もある

②発信日付……文書番号のすぐ下に記入。作成日ではなく発信日を書く。一般的に元号(年月日)を使うが西暦も可

③受信者名(宛て名)……「総務部長(殿)」など役職名だけを記し,氏名は書かない。同じ文書を多数に発信する場合は営業部員各位などと「各位」を使う

④発信者名……部・課・支店など役職名だけを記し,氏名は書かない

⑤表題(件名)……本文の内容が一目で分かる表題を書く。「通知」「案内」など,その文書の性質を表す言葉をつける

⑥本文……結論を先に書き,理由や説明は後に書く。表題は繰り返さずに「標記の件について〜」などとし,簡潔にする。具体的な内容は⑦記に書く

⑦記(記書き)……日時や場所など,本文に書き込むと分かりにくくなる事柄を箇条書きで記す。「記」は中央に書き,次の行から「1. 日時,2. 場所」などと番号を付け

て書く
⑧追記……但し書きや注意事項などを付け加えるときに入れる
⑨添付資料……資料や図表など添付したものがあれば，その名称と数量を記す
⑩以上……内容の最後に必ず付ける。手紙の結びの言葉に当たる
⑪担当者名（連絡先）……内容についての問い合わせに対応するため，担当者名，所属部署，電話番号（内線），電子メールアドレスなどを記す

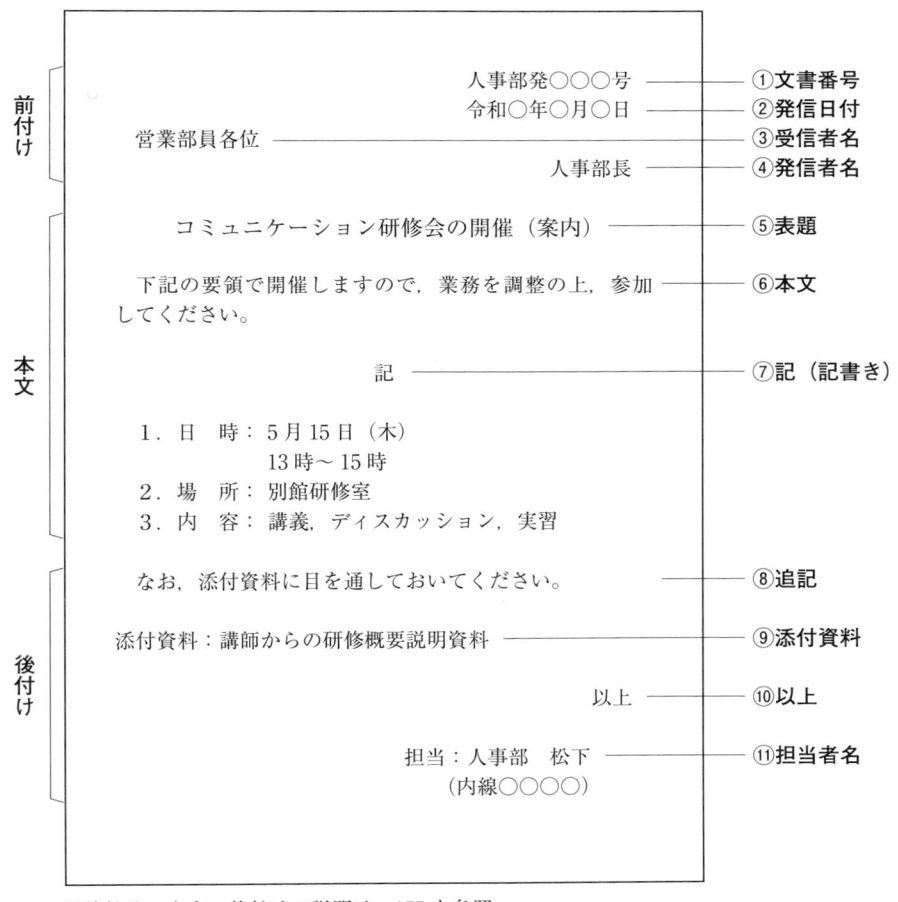

前付け
- 人事部発○○○号 ——①文書番号
- 令和○年○月○日 ——②発信日付
- 営業部員各位 ——③受信者名
- 人事部長 ——④発信者名

本文
- コミュニケーション研修会の開催（案内）——⑤表題
- 下記の要領で開催しますので，業務を調整の上，参加してください。——⑥本文
- 記 ——⑦記（記書き）
  1．日　時：5月15日（木）
  　　　　　13時〜15時
  2．場　所：別館研修室
  3．内　容：講義，ディスカッション，実習

後付け
- なお，添付資料に目を通しておいてください。——⑧追記
- 添付資料：講師からの研修概要説明資料 ——⑨添付資料
- 以上 ——⑩以上
- 担当：人事部　松下 ——⑪担当者名
  （内線○○○○）

※前付け，本文，後付けの説明はp.155を参照

第2節　ビジネス文書の作成
2-3　社外文書

学習のポイント

①社外文書の種類と特徴を理解する。
②社外文書の形式を覚える。
③慣用表現や敬語の使い方を理解する。

1．社外文書の形式と種類

　社外文書は会社を代表して外部に出す文書です。そのため，内容が正確であることに加え，ビジネスの場で通用するものであることが求められます。社外文書は商取引に関するもの（社外通信文書）と儀礼的なものに（社交文書）に分けられます。いずれの場合も，基本の形式に沿うこと，格調ある言葉遣いをすること，分かりやすいものにすることに注意します。

（1）社外通信文書（商取引に関するもの）

　社外通信文書には商取引に関するものが多く，以下のような文書があります。
■通知状……会議の開催や人事異動，社屋の移転・開設など，ある事項を相手に知らせるための文書
■照会状……不明点や疑問点を確認する。在庫の問合せをするときなどに使う
■督促状……支払いや納品などを催促するときの文書。約束が期日までに実行されない場合に出す
　その他，送付状，依頼状，承諾状，勧誘状，拒絶状などがあります。

（2）社交文書（儀礼的なもの）

　社交文書は商取引に直接関係はなく，企業や担当者同士の関係を良好に保つためのものです。主な社交文書には，以下のような種類があります。
■慶弔状……結婚や出産などのお祝い事や，葬式のときに送る文書。電報を打つのが一般的である。電報を打つ際には，インターネットもしくは電話（115番）で申し込む。その際，「くれぐれ」や「重ね重ね」など，不幸が繰り返されることを想起させる忌み言葉は避ける。なお，悔やみ状は頭語や前文を省きすぐに本題に入る

■礼状……相手への感謝の気持ちを表すための文書
■見舞状……病気や災害などを見舞うときに出す文書
■案内状,招待状……会合やパーティーなどの催しに参加を促す文書
■あいさつ状……役職者の異動や新事業所開設などを関係先に知らせるための文書

　一般の商取引の文書に比べ,社交文書はしきたりやマナーを重んずるので,手紙の慣用句を適切に使い,格調ある文章で作成することが大切です。社交文書には次のような特徴があります。
■出すべき時機を逃すと間が抜けたものになる
■縦書にすることが多い
■文書番号や表題は省略する場合が多い
■内容は相手との親密度に合わせる
■格式を重んじ,句読点を打たない場合もある

［例］役職者交代の場合
　　以下の例は,大阪支店の関係先に宛てたものであり,前任者と後任者とが２通１連で出すもの。往復はがき大のカード用紙を二つ折りにし,活字は教科書体にする。横書きでもよい

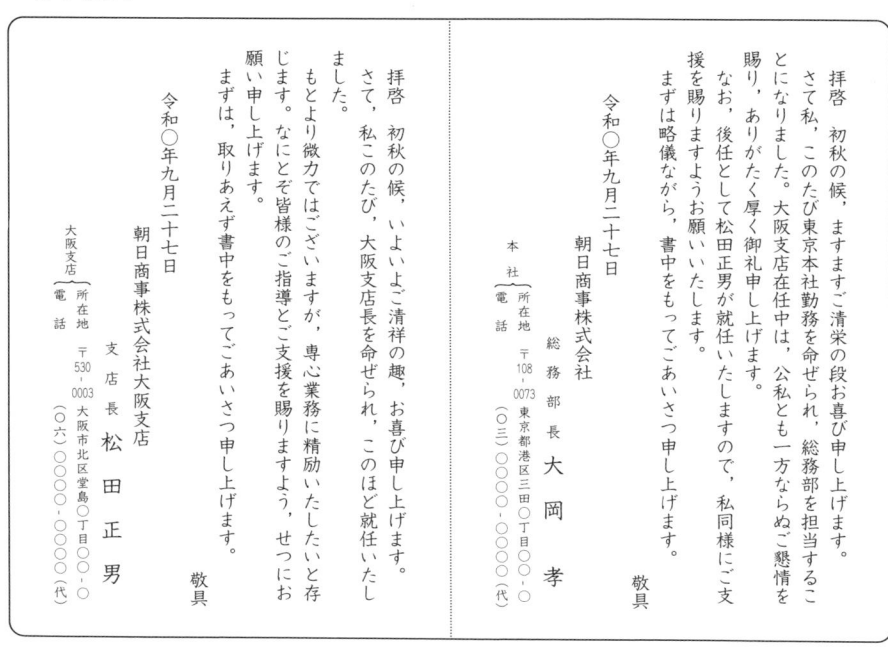

【右側（前任者）】

拝啓　初秋の候,ますますご清栄の段お喜び申し上げます。
さて私,このたび東京本社勤務を命ぜられ,総務部を担当することになりました。大阪支店在任中は,公私とも一方ならぬご懇情を賜り,ありがたく厚く御礼申し上げます。
なお,後任として松田正男が就任いたしますので,私同様にご支援を賜りますようお願いいたします。
まずは略儀ながら,書中をもってごあいさつ申し上げます。
　　　　　　　　　　　　　　　　　　　　　　敬具

令和○年九月二十七日
　　朝日商事株式会社
　　　総務部長　大　岡　　孝

本　社〔所在地　〒108-0073　東京都港区三田○丁目○○-○〕
　　　〔電　話　（〇三）〇〇〇〇-〇〇〇〇（代）〕

【左側（後任者）】

拝啓　初秋の候,いよいよご清祥の趣,お喜び申し上げます。
さて,私このたび,大阪支店長を命ぜられ,このほど就任いたしました。
もとより微力ではございますが,専心業務に精励いたしたいと存じます。なにとぞ皆様のご指導とご支援を賜りますよう,せつにお願い申し上げます。
まずは,取りあえず書中をもってごあいさつ申し上げます。
　　　　　　　　　　　　　　　　　　　　　　敬具

令和○年九月二十七日
　　朝日商事株式会社大阪支店
　　　支店長　松　田　正　男

大阪支店〔所在地　〒530-0003　大阪市北区堂島○丁目○○-○〕
　　　　〔電　話　（〇六）〇〇〇〇-〇〇〇〇（代）〕

2．社外文書作成の留意点

社外文書の形式は，社交文書を除き社内文書とほぼ同じです。構成は大きく「前付け」「本文」「後付け」に分けられます。

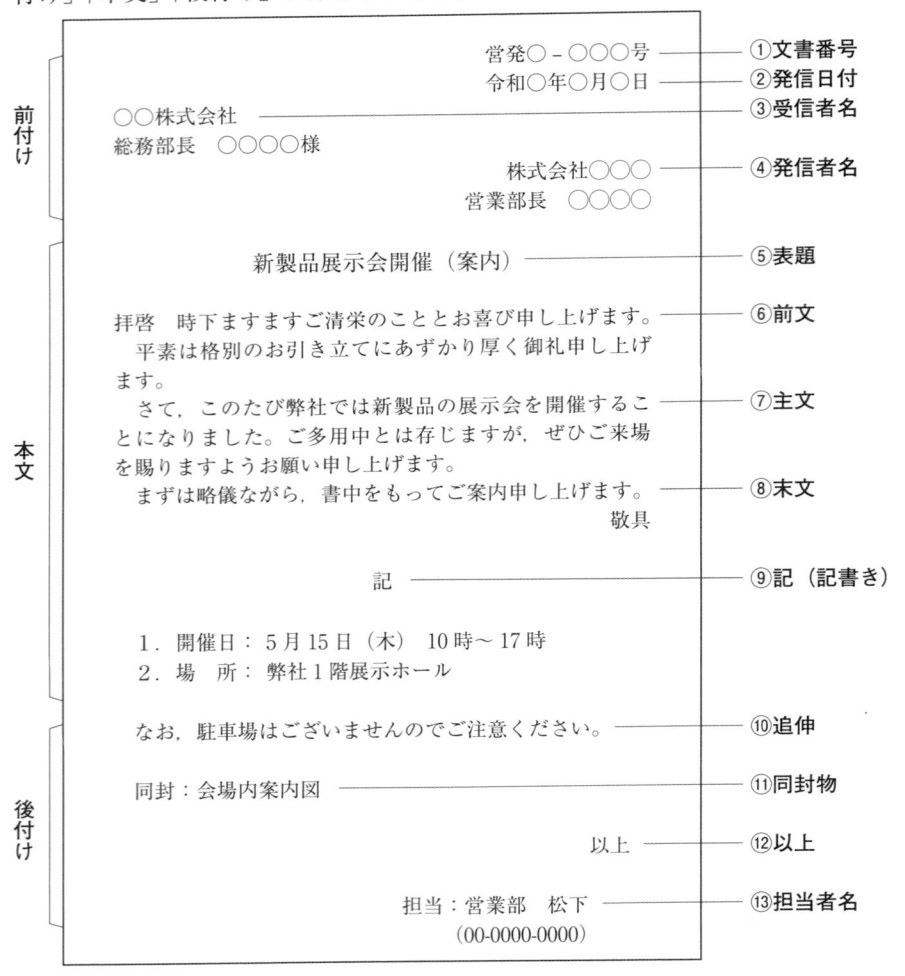

前付け
- 営発〇-〇〇〇号 ── ①文書番号
- 令和〇年〇月〇日 ── ②発信日付
- 〇〇株式会社
  総務部長　〇〇〇〇様 ── ③受信者名
- 　　　　　　株式会社〇〇〇
  　　　　　　営業部長　〇〇〇〇 ── ④発信者名

本文
- 新製品展示会開催（案内） ── ⑤表題
- 拝啓　時下ますますご清栄のこととお喜び申し上げます。 ── ⑥前文
  平素は格別のお引き立てにあずかり厚く御礼申し上げます。
  さて，このたび弊社では新製品の展示会を開催することになりました。ご多用中とは存じますが，ぜひご来場を賜りますようお願い申し上げます。 ── ⑦主文
  まずは略儀ながら，書中をもってご案内申し上げます。 ── ⑧末文
  　　　　　　　　　　　　　　　　　　　　敬具
- 　　　　　　　　　記 ── ⑨記（記書き）
  1．開催日：5月15日（木）　10時～17時
  2．場　所：弊社1階展示ホール

後付け
- なお，駐車場はございませんのでご注意ください。 ── ⑩追伸
- 同封：会場内案内図 ── ⑪同封物
- 　　　　　　　　　　　　　　　以上 ── ⑫以上
- 　　　　　担当：営業部　松下 ── ⑬担当者名
  　　　　　　　（00-0000-0000）

(1) 前付け

　前付けの要素には次のものがあります。
①文書番号
②発信日付
③受信者名（宛て名）……正式名称で記入する。宛て名の敬称は次の通り
■官公庁，会社など団体宛て「御中」
■職名を使った個人宛て「殿（様）」　　［例］　人事部長殿
■個人名に職名を付けた場合「様（殿）」　　［例］　経理部長山田様
■複数に宛てる場合「各位」　　［例］　お客さま各位
④発信者名……発信者は受信者と同格の職位にするのがマナー

(2) 本文

　本文は「表題」で内容を表した後，「前文」「主文」「末文」で構成します。
⑤表題（件名）……用件を端的に示すタイトル
⑥前文……用件に入る前のあいさつ。1字下げずに「拝啓」などの頭語を置き，1字空けて時候のあいさつをする。前文を省略する場合は「前略」とし，結語を「草々」とする
⑦主文……用件を述べる部分。改行して1字下げ，「さて」で書き始める。ポイントを押さえ，簡潔に書く
⑧末文……終わりのあいさつの部分。改行して1字下げ，「まずは，〜お願い申し上げます」などとするのが一般的。最終行の右端に「結語」（敬具，草々など）を置く
⑨記（記書き）

(3) 後付け

　後付けは，本文を補足するときの添え書きです。
⑩追伸……本文で書き切れなかったことや念を押したいときに書く。本文より行を下げ，「なお」で書き出す
⑪同封物……資料や図表などを同封するときに書く。資料の名称と数量を記す
⑫以上
⑬担当者名（連絡先）

3. 頭語と結語の組み合わせ

　前文の最初に書くものを「頭語」，末文の最後に書くものを「結語」といい，組み合わせが決まっています。これらは文書の性格や内容によって使い分けます。

用途	頭語	結語
一般の往信	拝啓	敬具
一般の返信	拝復	敬具
特に丁寧	謹啓	敬具，敬白，謹言
前文を省略	前略	草々
事務的	（省略）	以上

4. 前文に用いる慣用語句

　前文は頭語の次に1字空けて書き始めます。時候のあいさつを入れるほか，一般的には相手の健康や繁栄を喜ぶあいさつを入れます。
■団体宛ての場合
「貴社（貴店，貴行）におかれましては，ご隆盛(りゅうせい)のこととお喜び申し上げます」
「時下ますますご繁栄のこととお喜び申し上げます」
■個人宛ての場合
「時下ますますご健勝のこととお喜び申し上げます」
「貴殿におかれましては，ご清祥のこととお喜び申し上げます」
■感謝のあいさつ
「平素(へいそ)は格別のお引き立てを賜り，厚く御礼申し上げます」
「平素は一方(ひとかた)ならぬご厚情にあずかり，誠にありがとうございます」

5. 主文に用いる慣用語句

　主文は改行して1字下げ，「さて」で書き始めます。用件を簡潔に書きます。
[例]　「さて，突然のお願いで恐縮でございますが……」
　　　「さて，このたび新製品の発表会を開催することになりました。……」

6. 末文に用いる慣用語句

　末文は「まずは」「以上」などの言葉から始まる決まった表現があります。場合によって使い分けます。
[例]　「以上，取り急ぎ用件のみ申し述べました」
　　　「まずは，略儀ながら書中をもってごあいさつ申し上げます」

7. 時候のあいさつ

　時候のあいさつは，月や季節に合ったものを使用します。主なものは以下の通りです。

月	時候のあいさつの例
1月	初春の候，大寒の候／お健やかに新春をお迎えのことと存じます
2月	晩冬の候，余寒の候／立春とは名ばかりですが
3月	早春の候，春寒の候／日増しに暖かになりますが
4月	陽春の候，春暖の候／春光うららかな今日このごろ
5月	新緑の候，薫風の候／若葉の季節となり
6月	初夏の候，向暑の候／梅雨の長雨が続いておりますが
7月	盛夏の候，猛暑の候／急にお暑くなりましたが
8月	残暑の候，晩夏の候／立秋とは名ばかりの暑さですが
9月	初秋の候，新秋の候／朝夕はめっきり涼しくなり
10月	紅葉の候，秋冷の候／日増しに秋も深まり
11月	晩秋の候，霜降（そうこう）の候／小春日和の今日このごろ
12月	初冬の候，歳晩の候／暮れも押し迫ってまいりましたが

8. 尊敬語と謙譲語

　文書においても敬語を正しく使うことが大切です。尊敬語は相手を敬うときに，謙譲語は自分を低めて相手を高めるときに用います。この違いをしっかり理解し，正しい敬語表現を身に付けましょう。

名詞	尊敬語（相手）	謙譲語（自分）
本人・職業	○○様　貴殿　貴職　先生	私　当職　本職
団体・組織	貴社　御社　貴校　貴店	当社　弊社　当校
場所・土地	御地　貴地　貴方面　貴県	当地　当方面　弊地
居住	貴邸　貴宅　尊宅	拙宅（せったく）　拙家（せっか）　小宅
物品	佳品　結構なお品	粗品　寸志　心ばかりの品
手紙	ご書面　ご芳書（ほうしょ）　ご書状	書中　書状　愚書
意見	ご高見　ご高説　ご所感　貴意　お申し越し	私見　私案　愚見
配慮	ご配慮　ご高配　ご尽力　ご助力　ご指導　お引き立て	配慮　留意
授受	お納め　ご査収　ご入手　ご笑納（しょうのう）	拝受　頂戴
訪問	おいで　お越し　ご来社　お立ち寄り　ご来臨	お伺い　参上　ご訪問
息子	ご令息様　ご子息（しそく）様　お子様	息子
娘	ご令嬢様　お嬢様　ご息女（そくじょ）様	娘
妻・夫	ご令室・ご主人	妻・夫
母・父	ご母堂・ご尊父	母・父
家族	皆々様　御一同様	一同　家族一同

第2節 ビジネス文書の作成

2-4 メモとグラフ

学習のポイント

①誰が見ても分かりやすいメモの取り方を身に付ける。
②メモを取るときの注意点を理解する。
③グラフの特徴と作成手順を覚える。

1．メモの役割と種類

　上司の指示を受けるときや，伝言を預かるときには必ずメモを取ります。特に，秘書は伝言を預かることが多いため，内容を要約する力や事実を正確に書く力が必要です。メモには以下の種類があり，それぞれに用途が異なります。

①心覚えメモ
　自分のために書き記すメモです。例えば，受け取った名刺の裏にその人の特徴や来訪日などを書いておいたり，上司から指示された仕事を漏れなく遂行できるように箇条書きしたりするのがこれに当たります。

②要約メモ
　報告事項や口述内容の要点を取りまとめて記すメモです。

③伝言メモ
　上司が不在のときに受けた電話の内容を伝えるメモです。頻繁に伝言を受ける場合は，フォーマット化しておくとメモが取りやすくなります。伝言メモは，書き終えたら上司の机上の見えやすいところに置き，上司が戻ったらメモを置いたことを伝えます。

2．メモを取るときの注意点

　読み返したときに正確な判断ができるように，以下の点に注意します。
■読みやすい字で書く
■要点を押さえながら聞く
■憶測や勝手な判断を入れない
■5W3H（When：いつ，Where：どこで，Who：誰が，What：何を，Why：なぜ，

How：どのように，How much：幾ら，How many：幾つ）に基づいて，聞き漏らしのないようにする
■誤字や同音異義語に気を付ける
■メモを取ったら必ず復唱して，間違いがないか確認する

3．グラフの特徴

視覚的に比較検討しやすいのがグラフの特徴です。グラフを作成するときには，必ずタイトル（表題）と調査年月日を明記します。また，他の資料を参照してグラフを作成した場合は，調査機関や出典（引用資料）なども明記します。

(1) 折れ線グラフ

折れ線グラフは，線の高低により時間の推移による数量の変化などを比較できます。基点は原則として0から始め，目盛りを省略したい場合は中断記号を用います。2種類のグラフを重ねて表示することもあります。

【作成上の注意点】

一つの折れ線グラフに複数の構成要素を表すときは，分かりやすいよう線の種類を変えます（実線―や点線 ---）。時間の推移による変化を示す場合は，左から右へ時間が流れるように目盛りを取ります。

(2) 棒グラフ

棒グラフは，棒の長さによって数量を比較でき，月別の売上を比較するときなどに用います。折れ線グラフと同様，基点は0から始め，目盛りを省略する場合は中断記号を使います。

【作成上の注意点】

棒の幅は均等にします。極端に長いものがある場合は，2本にするか中断記号を使います。

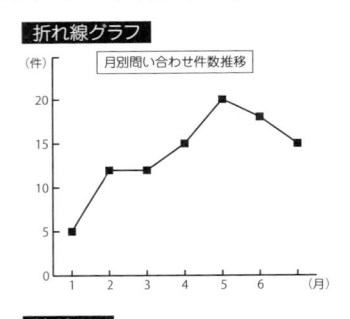

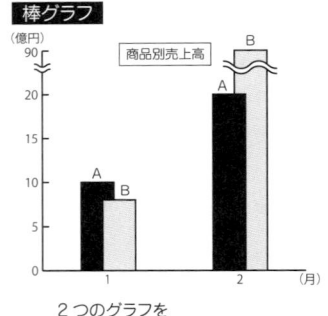

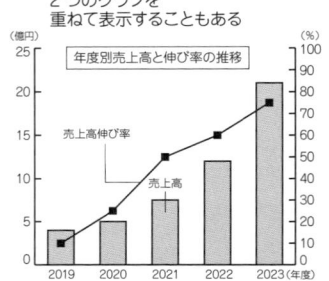

(3) 円グラフ

円グラフは，円全体を100％として，項目ごとの比率に応じて分割し，構成比を扇形の大小で比較します。

【作成の手順】
①構成項目の百分率（パーセンテージ）を求めて，角度に換算する
②円を描き基線（円の頂点と中心を結ぶ）を入れる
③構成項目と比率を記入する
④構成項目ごとに色分けや斜線を入れる

【作成上の注意点】

項目を見やすくするために，色分けをしたり斜線を引きます。大きい割合の項目から右回りに書き入れ，「その他」は最後に入れます。「非常によい」「よい」「どちらとも言えない」「よくない」といった項目の場合には，比率に関係なくこの順に並べます。

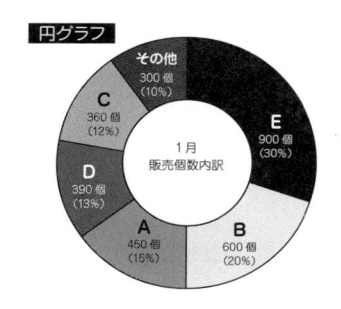

(4) 帯グラフ

帯グラフは，帯を項目ごとの比率に応じて分割し（全体が100％），構成比を長方形の大小で比較します。年度別の構成比の推移などを表すときに用います。

【作成の手順】
①構成項目の百分率（パーセンテージ）を求めて，帯の長さに換算する
②構成要素と比率を記入する
③見やすくするために，色分けや網をかける
④二つ以上のグラフを点線などで結ぶ

【作成上の注意点】

帯全体の長さは分割しやすくするために区切りのよい数値にします。

円グラフと同様に，項目を見やすくするために色分けしたり斜線を引きます。

大きい割合の項目から左から順に書き入れ，「その他」は最後に入れます。ただし年度別比較などで複数の帯グラフを並べる場合は，項目の順序を統一します。

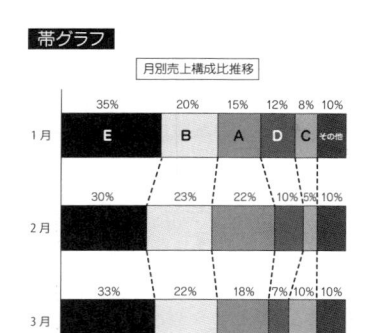

第3節　ビジネス文書の取り扱い

3-1 受信, 発信業務

学習のポイント

①「業務用文書」と「私信」の違いと取り扱い方法を理解する。
②発信業務の注意点を理解する。
③「秘」扱い文書の取り扱い方法を覚える。

1. 受信文書の処理方法

　秘書が扱う文書には,「業務用文書」と個人的な文書である「私信」があります。受信した上司宛ての業務用文書は開封しますが, 私信は開封せずに上司に渡します。ただし, 業務用文書でも開封してはいけないものがあるので, 取り扱いには十分に注意が必要です。開封しないで渡す文書には次のものがあります。
①封筒に差出人側の社名がないもの
②業務用文書でも「書留」「親展」「秘」と記されているもの
③私信かどうか判断できないもの
　それ以外の文書は開封し, 内容に応じて重要度や緊急性を判断し以下の要領で整理して上司に渡します。
■ダイレクトメールや広告は上司の興味がありそうなもの以外は廃棄する
■「速達」や「至急」と記してあるものを上にする
■請求書や見積書は検算する
■返信の文書の場合は, 往信文書の控えを添付する
■必要に応じて, 要点をメモしたり重要事項にアンダーラインを引く
■異動や就任, 事業所移転などのあいさつ状は, 名簿や名刺を訂正する
■上司宛てでもその文書に関する担当者がいる場合は直接の担当者に渡す
■取り出した文書の後ろに封筒をクリップで留める
■招待状などには, その日の予定を書いたメモを付けて上司に渡す

2. 社外文書発送業務の留意点

　社外文書を発送するときには以下のことに気を付けます。

第 5 章　技能

- ■親展や社交文書を出すとき……封じ目に「〆」の印を書くか封印を押す
- ■切手を貼るとき……重さを量って正確な料金を算出し過不足のないようにする。特に，料金不足のときには受取人が不足分を支払うことになるので注意する

3.「秘」扱い文書の取り扱い

「秘」扱い文書の内容は，新規案件についての報告書や人事関連の連絡などさまざまです。

「秘」扱いの文書も必要に応じてコピーして配布したり，社外に発送したりすることがあります。その際には，関係のない人にまで内容を知られることのないよう，注意する必要があります。

(1) 社内での取り扱い

「秘」扱い文書は，社内で閲覧したり保管する際にも注意が必要です。以下の点に気を付けます。

- ■席を外すとき……席を外すときは引き出しにしまう
- ■相手に渡すとき……封筒には「秘」扱い文書と分かるような表示はしない
- ■他部署に渡すとき……文書受渡簿（ぶんしょうけわたしぼ）に文書名と相手先を記入し，「秘」扱い文書と一緒に持参し，相手から受領印をもらう
- ■配布するとき……各文書に通し番号を入れ配布先を控える。渡すときは「秘」扱い文書であることを話さないようにする（周囲の人に気付かれないようにする）
- ■コピーを取るとき……誰もいない時間や場所を選び，必要枚数だけコピーし枚数を記録する。また，原本の置き忘れに注意する
- ■廃棄するとき……シュレッダーなどにより確実に処分する
- ■ファイルに保存するとき……一般の文書とは別にし鍵付きのキャビネットに入れる

(2) 社外に発送するときの留意点

「秘」扱い文書を社外に発送するときは，より一層の注意が必要です。

- ■二重封筒にし，内側の封筒には「秘」の印を押す。外側の封筒は中身が透けないものを用意し，「親展」と記して封をする
- ■必ず発信簿に記録する
- ■郵送するときは簡易書留にする。発送後すぐに受信者に電話し「秘」文書を送ったことを伝える

第3節　ビジネス文書の取り扱い

3-2 郵便の知識

学習のポイント

①はがきの種類や書き方，封筒の書き方を覚える。
②郵便小包や書留について理解する。
③大量郵便物の発送の仕方を知る。

1．はがき

(1) 種類

　郵便はがきには「通常はがき」「往復はがき」があります。そのほか「私製はがき」「私製往復はがき」があり，これらは切手を貼って出します。

(2) はがきの書き方

　はがきの通信文は裏面の他に，表面(印刷面)の下半分にも書くことができます。その際は，宛て名がきちんと読めることが条件になります。また，合計6g以内であればシールや収入印紙を貼り付けて送ることができます。

(3) 往復はがきの書き方

　往復はがきがよく使われるのは出欠の確認です。

　その場合，返信用はがきはあらかじめ記載された「出席・欠席」の該当しない方を二重線で消します。また，「ご出席・ご住所」の「ご」，「ご芳名」の「ご芳」などの敬称を二重線で消し，宛て名の「行」を消し，「様」や「御中」に書き直してから出します。

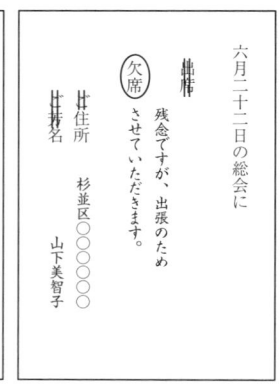

164

2. 封書

(1) 定形郵便物

　長さ14〜23.5cm，幅9〜12cm，厚さ1cm以内，重量50g以内の郵便物です。これ以外は全て定形外郵便物となります。

(2) 宛て名の書き方

　縦長式と横長式があります。切手の下は印字スペースなので空けておきます。

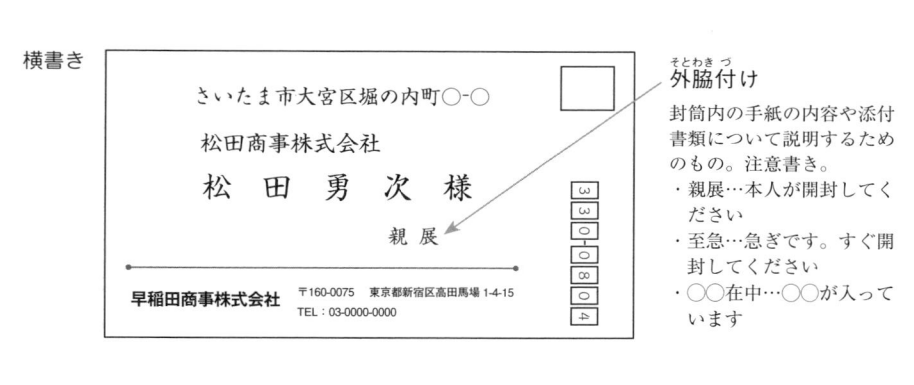

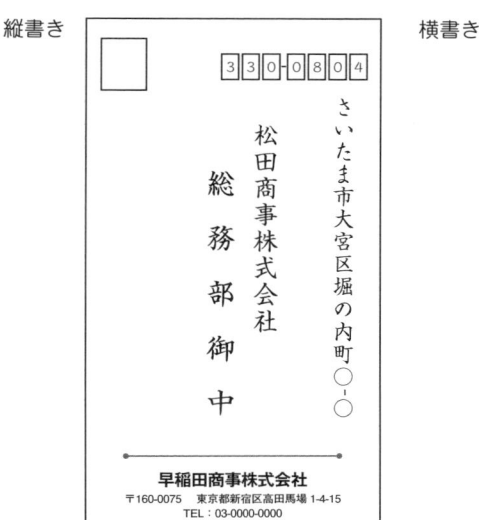

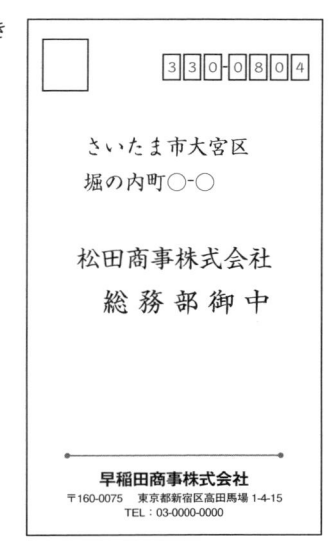

外脇付け

封筒内の手紙の内容や添付書類について説明するためのもの。注意書き。
・親展…本人が開封してください
・至急…急ぎです。すぐ開封してください
・○○在中…○○が入っています

3. 郵便小包

　郵便小包では，重いものやかさばるものを送ることができます。
　郵便小包には一般小包の「ゆうパック」，定形小包の「レターパック」，書籍などの冊子やCDなどを送るときに使う「ゆうメール」などがあります。
　ゆうパックとゆうメールは信書（特定の受取人に対して送る文書。例えば，書状，契約書，招待状など）を同封することはできません。レターパックは信書を同封することができるため，お祝いの手紙を添えた贈り物に適しています。
　重量1kgまでの冊子やカタログなどの印刷物，CDなどの電磁的記録媒体を送るときには，ゆうパックより割安で送ることができるゆうメールを利用します。封筒の一部を開封し，中が見えるようにします。また，貴重な本やCDを早く送りたいときは，速達扱いの簡易書留にして送ります。

4. 特殊取扱郵便物

　重要な書類や現金を送付するときは，特殊取扱郵便物として送ります。特殊取扱郵便には「速達」や「書留」などの種類があり用途によって使い分けます。
①**速達**
　急ぐ場合に利用するのが速達です。その際，縦長の郵便物は表面の右上部に，横長の郵便物・荷物は右側部に赤線を引くか，赤で「速達」と記入します。
②**書留**
　重要なものを送る場合は書留を利用します。郵便物の引き受けと配達の際に記録が残るので確実に届けることができ，万が一，事故で届かなかった場合は賠償が受けられます。
　書留には「現金書留」「一般書留」「簡易書留」があり，料金は，定形・定形外の料金または小包の料金にそれぞれの書留料金が加算されます。
- ■現金書留……現金を送る場合に使う。専用封筒には現金を入れた香典袋や祝儀袋，手紙をそのまま入れて送ることができる。紙幣だけでなく硬貨も送ることができる
- ■一般書留……主に手形や小切手，商品券などの有価証券を送るときに使う。万一のときは原則，実損額を賠償してもらえる
- ■簡易書留……一般書留に比べて料金が割安。主に「秘」扱い文書や生原稿など重要な文書を送るときに使う。賠償は5万円までの実損額であり，5万円までの有価証券を送る場合にも利用する

5. 大量郵便物の発送

郵便物が大量にある場合は,「料金別納」「料金後納」「料金受取人払」を利用します。郵便切手を一枚一枚貼る手間が省け,料金の支払いも一括できるため便利です。

ただし,慶事や弔事の場合は別納郵便や後納郵便を使わず,慶事用,弔事用の切手を一枚ずつ貼ります。

①料金別納郵便

料金が同じ郵便物を同時に 10 通以上送るときに利用できます。また,一般小包は一個から利用が可能です。料金はまとめて窓口で支払います。

料金別納郵便で出すときは,事前に取り扱い郵便局の承認を受けて図のようなスタンプを押すか印刷します。

②料金後納郵便

毎月 50 通以上の郵便物を出す場合に利用します。料金は翌月末日までに指定口座に支払います。

料金別納郵便と同様に,事前に取扱郵便局の承認を受けてスタンプを押すか印刷して,送ります。

③料金受取人払

相手に料金の負担をかけずに返信をもらうことができるため,アンケートを取るときなどに利用します。また,返信を受けた分だけ料金を支払えばよく,送り手側の経費の負担も軽くなります。

料金受取人払を利用する際は,郵便局の承認を受けて郵便物等の表面の見やすいところに表示します。

④郵便区内特別郵便物

同じ郵便局内へ,形・重さ・取り扱いが同じ郵便物を同時に 100 通以上出す場合に料金の割引が受けられます。ただし,大きさや重さには制限があります。

郵便物には「郵便区内特別」と支払い方法を表示する必要があります。料金の支払いには,料金別納,後納,料金計器別納(利用者が郵便料金計器を手元に置き,計器で測った料金を別納する方法)から選ぶことができます。

第 4 節　資料管理

4-1 名刺管理や資料の整理

学習のポイント

①名刺の整理や管理の仕方を覚える。
②資料の収集と整理の方法を理解する。

1．名刺の整理用具

　名刺を整理するための用具には以下のようなものがあります。それぞれに長所短所があるので，どのように管理したいかを考えて選びましょう。
①**名刺整理簿**
　帳簿式の台紙に名刺を差し込んで整理します。一覧性があるので名刺が少ない場合は有効です。しかし，差し替えが不便，サイズが異なる名刺は収納しにくいなどの欠点があります。
②**名刺整理箱**
　長細い箱に名刺を立てて整理します。名刺の出し入れや追加，差し替え，破棄が簡単なので名刺の数が多い場合に便利です。分類ごとにガイドを立てると探しやすくなります。
③**パーソナルコンピューター（パソコン）**
　パソコンのデータベースに記録する方法です。名刺の追加や削除，訂正も簡単で検索も早いことから，パソコンで管理する企業が増えています。

2．名刺整理箱での整理方法

　名刺の分類には氏名の五十音順，会社名の五十音順，業種別などの方法があります。以下の要領で整理します。
①受け取った名刺には日付や人物の特徴などをメモし，ガイドのすぐ後ろに置く
②上司の友人などの私的な名刺と，業務関係の名刺は別に整理する
③住所や肩書が変わったことを知ったら，すぐに名刺を訂正する
④抜き出した名刺は，ガイドのすぐ後ろに戻す。よく使う名刺がガイドの近くに集まり，

取り出しが便利になる
⑤ 1年に1回は古い名刺や使わなかった名刺を調べ，不要な名刺は細かく破って捨てる

3．カタログの整理

カタログ類は放っておくとすぐに溜まってしまうので，以下のように整理し保管します。
- 販売会社別ではなく「パソコン」「プリンター」など商品別にまとめる。すぐに比較検討ができるので便利
- 総合カタログなど厚いものは書籍のように立てて整理する
- 薄いカタログは商品別にまとめて，ハンギング式フォルダーに保存する
- 1年に1回は点検し不要なものは処分する。新しいものが手に入ったら古いものは処分する。ただし自社カタログは古くなっても保管しておく

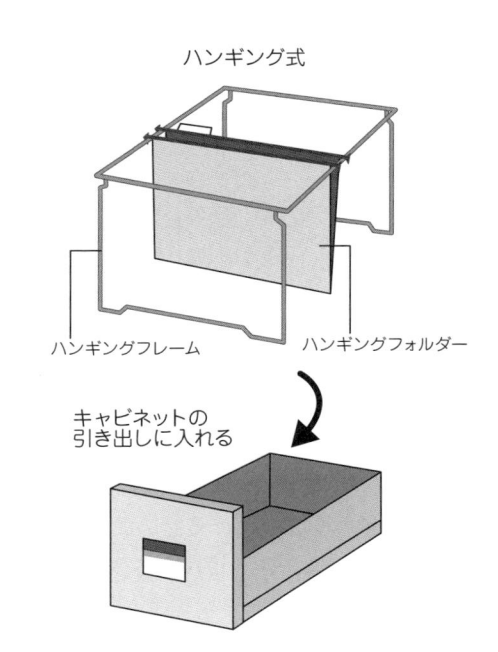

ハンギング式
ハンギングフレーム　ハンギングフォルダー
キャビネットの引き出しに入れる

4．雑誌の整理

定期購入の雑誌が届いたら入手年月日を控え，上司の部屋や応接室には最新号を用意しておきます。保存期間は，自社刊行物を除き，ビジネス誌などの一般誌は前年分，専門誌は長くて5年分とするのが一般的です。保存する雑誌は半年分，または1年分をまとめて合本します。背に雑誌名と「○年1月号〜12月号」などと号数を書くと分かりやすくなります。

5．雑誌・カタログの関連用語

雑誌・カタログに関する用語には次のようなものがあります。
- 日刊……毎日発行されるもの
- 週刊……週に1回発行されるもの

- ■旬刊(じゅんかん)……10日に1回発行されるもの
- ■月刊……月に1回発行されるもの
- ■隔月刊……2カ月に1回発行されるもの
- ■季刊……年に4回発行されるもの
- ■増刊……定期刊行物が定期以外に,臨時に発行されるもの
- ■創刊……新しく発行されるもの
- ■絶版……売り切れ後,印刷・販売をしない刊行物
- ■バックナンバー……既に刊行された号
- ■カタログ……商品の目録や営業案内書
- ■総合カタログ……会社の取り扱い商品を1冊にまとめた冊子
- ■リーフレット……1枚ものの印刷物
- ■パンフレット……ページ数の少ない冊子
- ■総目次……雑誌等の半年,一年分を単位として目次をまとめたもの
- ■索引……本に掲載された語句を抜き出し,一定の基準で配列してその語句があるページを探しやすくするもの
- ■奥付……本の著者や発行所,発行日が記されているページ

6. 雑誌・新聞の切り抜き

　雑誌や新聞の記事は上司が指定したもの以外にも,上司にとって必要だと思われる記事があったら切り抜いておきます。
　切り抜きの手順と注意点は以下の通りです。
①記事を切り抜く……新聞は翌日以降,雑誌は次号が出たら切り抜く
②切り抜く記事を囲む……新聞を切り抜く場合,記事の続きが離れている場合があるので文章のつながりに注意する。また切り抜く記事が両面の場合は,片面をコピーする
③基本データを記事の余白に記入する……新聞は「紙名」「年月日」「号数」「朝・夕刊」「(地方版の場合)地方版名」を記入する。雑誌は「誌名」「年月日」「号数」「ページ番号」を記入する
④台紙に貼る……台紙はA4判に統一し,原則,1枚の台紙に1記事を貼る。新聞の記事などで,切り抜いた形が悪い場合は,読みやすいように整えて貼る
⑤保管する……フラットファイルにつづるか,フォルダーに入れてキャビネットで保管する。スクラップブックは一度貼ったら入れ替えができなくなるので,ビジネスの場面では使用しない

また、雑誌や新聞の記事をスキャナで読み取りデータとして保存したり、新聞各社の電子版サービスや、専用のアプリケーションを利用してインターネット上の記事を保存することもあります。

7. 資料・情報管理

上司が必要とする資料をすぐに用意するためには、どの方法で情報が得られるのか把握しておかなければなりません。他部門に資料提供のお願いをしたり、インターネットを活用することもあります。迅速に対応できるよう情報収集の仕方を心得ておくことが大切です。

(1) 社内資料の収集

会社の各部署では、一般的に以下のような情報を持っています。

部門	情報
総務	株主総会　取締役会　各種行事・式典　備品購入・管理　車両管理
人事	採用・配属　福利厚生　教育研修　給与体系
経理	在庫・仕入・精算・資材購入などの支出　財務諸表
営業	営業別（担当者別，課別）売上　商品別売上　販売予測　販売計画 取引先名簿　顧客名簿
企画	市場調査を含む各種調査　店舗企画などの各種企画　経営企画
広報・宣伝	社内報　広報誌　宣伝活動に関する資料

(2) 社外資料の収集

業務上必要な資料は最新のものを常備しておきます。例えば「会社年鑑」「紳士録」「会社四季報」「現代用語辞典」や、政府発行の各種「白書」「官報」、団体等が発行する「機関誌」などがあります。
■白書……政府が発行する各省庁の年次報告書。「経済財政白書」「環境白書」などがある
■官報……法令その他国民に知らせるべき事項を掲載する国の機関紙。日刊
■機関誌……団体等が情報交換やPRのために発行する雑誌

最近は、インターネットでも簡単に情報を収集することができるようになりました。しかし、中には引用や出所がないもの、発信者が不明なものもあり、信頼性に欠ける情報が含まれているので注意が必要です。

第4節　資料管理

4-2　ファイリングの基礎知識

学習のポイント

①目的に合ったファイリングの方法を覚える。
②バーチカル・ファイリングの方法を学ぶ。

1．ファイリングの基本

　書類や資料の管理をする際は，後で取り出しやすいように整理し，保管をします。これがファイリングの基本です。文書の特徴や目的に応じて，適した方法を選ぶ必要があります。

2．ファイル用具の種類

　ファイリングのための用具はさまざまありますが，主なものは次の通りです。

（1）留める用具

書類や資料を一つに束ねるには次のような用具があります。
■クリップ……一般的にゼムクリップと呼ばれる。数枚の文書を挟んで留める。紙に穴を空けずにとじることができる
■ホチキス……針で紙をとじるため穴が空くので注意する
■穴あけ器……穴あけパンチとも呼ばれる。とじ穴を開ける道具

（2）つづる用具

　書類や資料を分類して束ね，保護する用具です。
■ファイル……とじ具が付いている。薄くてかさばらない「フラットファイル」や大量の書類をとじることができるパイプ式やリング式のファイルがある

（3）保管する容器

　書類や資料を一時的，あるいは恒久的に保管する用具には次のようなものがあ

第5章 技能

ります。
■デスクトレー（トレー）……書類を入れる箱。決裁箱ともいう。トレーを二つ使い一方には未処理の書類，もう一方には処理済みのものを入れる
■書庫（保管庫）……ファイルを立てて並べる

3. バーチカル・ファイリング

（1）バーチカル・ファイリングとは

　書類をファイルに挟み込んでキャビネットに保管することを一般に「バーチカル・ファイリング」といいます。長所は書類をとじる手間が省けること，文書の取り出しや差し替えなどが簡単であること，とじ具がないのでファイルがかさばらないことが挙げられます。バーチカル・ファイリングには以下の用具があります。

■フォルダー……厚紙を二つ折りにした書類挟み。特定の相手の書類を挟む「個別フォルダー」と，個別フォルダーがない書類を挟む「雑フォルダー」がある。中に書類を挟み，折り目を下にしてキャビネットの引き出しに立てる。フォルダーサイズはB4・A4・B5判用などがある
■ガイド……フォルダーのグループの見出しとなる厚紙。キャビネットに並べたファイルの間に挟む
■ラベル……フォルダーのタイトルを書くシール
■キャビネット……フォルダーを収容する引き出しのこと。正しくはバーチカル・ファイリング・キャビネットという。引き出しのサイズはA4・B5判用などがあり，引き出しの段数も2段，4段，5段などがある

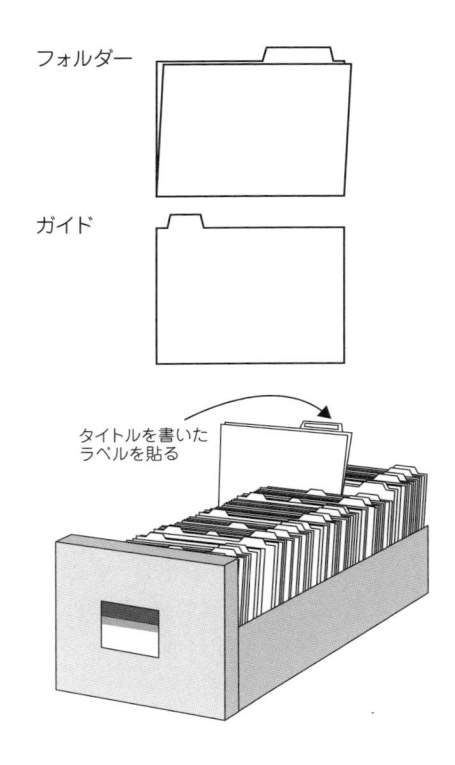

(2) フォルダーの整理方法

フォルダーの整理方法は五つあります。それぞれの特徴は以下の通りです。
① 相手先別整理……会社別，部署別，個人別など相手先別で書類を整理する方法。複数の相手先を整理するときには五十音順，アルファベット順，数字記号順で並べる
② 主題別整理……書類や資料をテーマ別にまとめる方法。例えば，文献の分類や新聞，雑誌の切り抜き，製品別にまとめるときに用いる
③ 表題別整理……書類の表題ごとに整理する方法。請求書や見積書などの帳票を管理するときに便利。帳票が多い場合は，月ごとに分けて整理する
④ 一件別整理……一連の工事や特定の取引など一件の完結したものでまとめる方法。量が多い場合はフォルダーを分けて収納する
⑤ 形式別整理……書類の形式ごとにまとめる方法。暑中見舞いや年賀状，あいさつ状などに分類する。年賀状などは出し忘れがないかなどチェックできる

(3) バーチカル・ファイリングのフォルダーの並べ方

フォルダーは以下の順に並べます。
[例] 五十音順にフォルダーを並べる場合
①「ア」のガイドを先頭に置く
② 個別フォルダーを五十音順に並べる
③ 個別フォルダーの最後に雑フォルダーを置く。雑フォルダーとは，書類の枚数が少ないものを入れるフォルダー
④ 上記①～③の要領で「イ」以降も並べる

4. 資料の貸し出し

他の部署に資料を貸し出すときは「貸出ガイド」を使い，貸し出した資料があったフォルダーに差しておきます。貸出ガイドには，貸出先，貸出日，返却予定日，書類名などを記入する欄があり，右端に「貸出」という山が付いています。

フォルダー内の資料を全て貸し出す場合は，資料のみ「持ち出し用フォルダー」

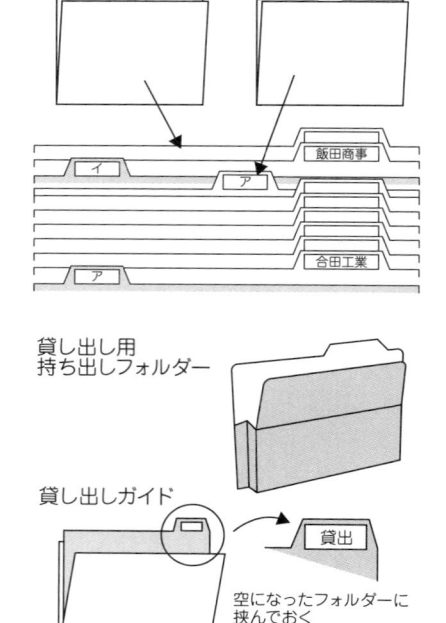

に入れ替え，空になったフォルダーに貸出ガイドを差します。また，資料が返却されたら漏れがないか確認し，貸出ガイドを抜き取って資料を戻します。

5. ファイルの移し替え・置き換え

　古くなった資料は使う頻度も少なくなります。そのような資料は手元から離れたところに保管します。資料を同じ室内で移動させることを「移し替え」といい，書庫室や倉庫など別の部屋に移動させることを「置き換え」といいます。
　キャビネットに保存している資料を移し替えたり置き換えたりすることを「上下置き換え法」といいます。資料の出し入れをスムーズに行うため，キャビネットの上2段には新しい資料やよく使う資料を保管します。
　上下置き換え法の手順は次の通りです。
①キャビネットの下2段の資料をチェックし，保存するものは書庫室や倉庫へ置き換える。不要なものは廃棄する
②キャビネットの上2段には必要な資料，未完の資料のみを保存し，それ以外を下2段に移し替える

6. 書類の廃棄

　不要な書類は廃棄しますが，廃棄の基準はあらかじめ決められた保存年限に従います。通常は「永久保存」「5年保存」「3年保存」など書類によって保存期間が決まっています。組織内でのルールに従って保存します。

第5節　スケジュール管理

5-1 スケジュール管理

学習のポイント

①スケジュール管理の仕方を覚える。
②スケジュール調整をする際の対処の仕方を覚える。
③上司の出張の際に必要な手順を理解する。

1．スケジュール管理の意味

　秘書は上司がスムーズに仕事ができるよう，スケジュールの調整と管理をします。上司は秘書が作成した予定表を基に業務を進めるので，とても大切な仕事です。また，スケジュール管理が上手にできるようになると日々の仕事も見通しを持って進められるようになります。
　近年では，スケジュール管理用のアプリケーションを利用してパソコン上で管理をするケースも増えています。

2．予定表の種類

　予定表には，年間，月間，週間，日々（日程）と4種類あります。基本的には年間で決まっている行事から埋めていきます。また，予定表を作成するときはできるだけ1枚の用紙に収まるようにし，一覧できるようにします。

①年間予定表
　1年間の社内外の行事を表にしたものが年間予定表です。新年会，入社式，株主総会，定例役員会，創立記念式典などを記入します。

②月間予定表
　1カ月の行動予定を表にしたものが月間予定表です。出張，諸会議，会合，訪問などの予定を記入します。

③週間予定表
　1週間の確定した行動予定を時間単位で記入するのが週間予定表です。時間の目盛りは，通常午前8時から午後9時までとします。その目盛りに沿って，会議，会合，面談，訪問，出張，式典などの項目を正確に書き入れます。

第5章　技能

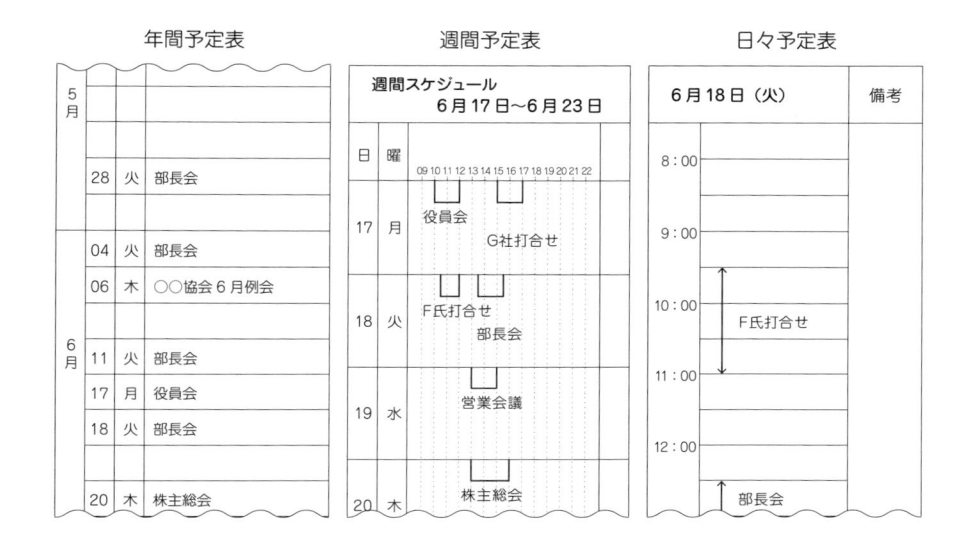

| 年間予定表 | 週間予定表 | 日々予定表 |

(予定表の図)

　私事は，記号などを使って簡略化し，正確な予定は秘書の手帳などに控えておきます。
④日々予定表（日程表）
　その日その日の上司の行動予定を分単位で記入する表です。時間の目盛りは，週間予定表と同じです。また，備考欄を設け，必要な情報が一覧できるようにしておきます。

3．予定を記入する際の留意点

　予定表に記入する際には，できるだけ見やすく，間違いのないようにするため，次の点に注意します。
- ■表示方法は簡潔に見やすくするように心がける。会議や出張など頻繁に出てくるものは「〇」「△」など記号化する方法もある
- ■予定に変更があった場合，変更前の予定も分かるように2本線を引いて訂正する
- ■月間予定表は前月末までに，週間予定表は前週末までに，日々予定表は前日の午前中までに完成させ，上司に確認する
- ■予定表は上司と秘書が1部ずつ持つ。月間予定表と週間予定表は，必要に応じて社内の関連先に配布する。その際，上司のプライベートスケジュールは削除する
- ■正式に予定が確定していない場合は（仮）と表記する

4. 予定変更の対処の仕方

　予定変更をする場合，秘書は上司と相談しながら迅速に対応しなければなりません。その手順は以下の通りです。
①行事の変更があったら，上司にその旨を告げ予定表を書き換える
②先方から予定変更の申し入れがあったら，上司と新しい予定の打ち合わせをし，その場で予定表を書き換える
③こちらの都合で予定が変更になったら，必要な関係先にまず謝罪し，新しい予定を連絡する
④こちらの都合で面会などの約束を断る場合，先方に事情を説明してわびてから改めて面会日時を決め直す

5. 出張に関する秘書の仕事

　上司が出張する際，秘書は交通機関の選定や宿泊の手配などの補佐業務を行います。出張の準備は次のような手順で進めます。
①**出張計画を立てる**
　上司に出張の「目的，期間，目的地」を確認します。秘書はそれを踏まえながら宿泊先や交通手段を選択し，出張計画案を出します。出張計画案を上司に確認してもらい，修正後，確定します。
②**交通機関や宿泊先の手配をする**
　出張計画を基に交通機関を選定します。このとき，上司の希望や旅費規定，到着地での行動予定などを総合的に考えます。また，交通機関や宿泊先は早めに予約しておきます。
③**旅程表を作成する**
　旅程表には出発・到着時刻，訪問先，会議，宿泊先などの項目を分刻みで記入します。旅程表は上司と秘書が1部ずつ持ち，場合によっては関係先にも配布しておきます。
④**出発の準備をする**
　出張に必要な費用を算出し，経理部門から仮払いを受けます。次に名刺，切符，資料など，漏れがないようにチェックします。
　長期出張で資料が多くなる場合は，あらかじめ宿泊先などに送っておきます。

```
┌─────────────────────────────────┐
│ 福岡市博多区博多駅前○-○    □ │
│   セントラルホテル気付          │
│                          ８    │
│   山 本 宏 司 様        １２   │
│                          ０    │
│                          １    │
└─────────────────────────────────┘
```
郵便物を，相手の現住所ではなく立ち寄り先や宿泊先へ送る場合は，宛て先の下に「気付」と付ける

6．出張中・出張後の秘書の仕事

　上司の出張中は比較的手が空くので，日頃やり残しているファイリングや名刺の整理などをします。また，留守中の来訪者や伝言などが分かるようにメモをつくり，郵便物は整理して保管しておきます。緊急の場合は上司の出張先に連絡を取ります。
　上司が出張先から帰ってきたら，まず次のことを行います。
■留守中の報告……留守中に届いた手紙類を整理して渡したり，留守中の電話や来訪者などをメモにまとめて簡潔に報告する
■旅費の精算
■持ち物の整理
■出張報告の作成……上司から指示があったら作成する
■礼状……上司から指示があったら出張中にお世話になったところに礼状を書く

第6節　環境整備

6-1 オフィスの環境を整える

学習のポイント

①快適な照明・防音・色彩・空気調節について理解する。
②仕事がしやすいオフィスレイアウトを覚える。
③オフィスの掃除をする際の注意点を理解する。

1．快適な環境づくり

上司の部屋や応接室を快適にするためには，幾つかのポイントがあります。

(1) 照明

事務室の照明は事務の能率に大きな影響を与えます。JIS（日本産業規格）では下表のような照度を基準としています。これを参考に，それぞれの部屋に必要な照度になるよう照明器具を調整します。

場所	範囲
事務所	1,500～300ルクス
会議室	750～300ルクス
役員室	750～300ルクス
応接室	500～200ルクス

ただし，最近では省エネルギーの観点から照度を低めに設定している場合もあります。会社で決められているときはそれに従います。

また，照明の方式には「直接照明（光源から直接目的物を照らす方式）」「間接照明（反射光線にして目的物を照らす方式）」「半間接照明（一部を反射光線にする方式）」があります。これらの照明と自然光を組み合わせてちょうどよい明るさを保つことが大切です。

(2) 防音

室内をできるだけ静かに保つように工夫します。ドアチェックで開閉の音を押さえる，電話の呼び出し音を調節する，厚手のカーテンやついたてで外部の音を遮断する，壁に吸音材を貼り音を吸収するなどの防音対策があります。

（3）色彩調整

部屋の色彩も仕事の能率に影響します。応接室は和やかな雰囲気をつくるため，クリーム色などの暖色を使います。会議室や役員室は，茶色や緑色など落ち着きのある中間色を使います。

（4）空気調節

乾湿温度計を基にエアコンなどを使って季節に適した温湿度を保ちます。また，クーラーやヒーターの風が直接上司に当たらないように配慮します。季節ごとの目安は以下の通りです。

季節	気温	湿度
春・秋	22～23度	50～60%
夏	25～28度	50～60%
冬	18～20度	50～60%

ただし，省エネルギーの観点から冷房の温度は高め（28度）に設定している場合もあります。会社で決められている場合はそれに従います。

2. オフィスレイアウト

オフィスレイアウトの基本は，秘書や上司が動きやすいところに机や備品を配置することです。

秘書の机は人の出入りが把握できる場所に置き，上司の机は出入り口から見えないところに配置します。

また，上司と同室の場合は，ついたてを利用するなどして対面しないように工夫します。

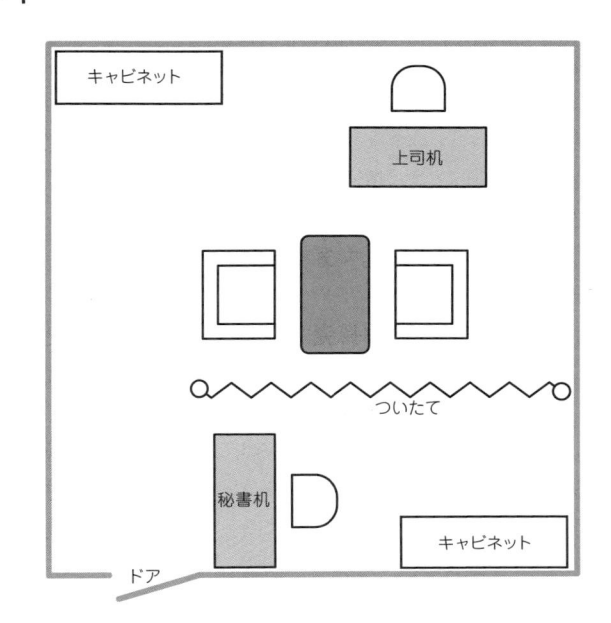

3. 掃除と整頓

　秘書は上司のオフィスや応接室を毎日掃除して清潔に保ちます。家具やじゅうたんなど，物によって掃除の仕方が異なるので注意が必要です。

(1) 掃除の注意点

　掃除する際には次の点に注意します。
- ■家具……羽ばたきでほこりを払い，から拭きする。汚れが落ちにくい場合は，家具用洗剤を使う
- ■じゅうたん……毎日掃除機をかける。汚れは中性洗剤を使って落とす
- ■ブラインド……羽ばたきでほこりを払う
- ■応接セット……テーブルは水を含ませた布で拭く。灰皿を使用した場合は，吸い殻を捨てて水洗いし，から拭きする
- ■電話機，パソコンのキーボード，マウス……毎日から拭きする
- ■観葉植物……水を含ませた布で葉を拭く

(2) 整理整頓をする際の注意点

　整理整頓をする際には次の点に注意します。
- ■机や椅子，応接セットは正しい位置にあるか
- ■時計は正しく動いているか
- ■カレンダーの日付は正しいか
- ■くず籠のゴミは捨ててあるか
- ■新聞や雑誌はマガジンラックに整理されているか
- ■上司の机の備品は定位置にあるか
- ■絵画や置物は正しい位置にあるか
- ■事務用品は補充されているか

第6節　環境整備

6-2 事務用品とOA機器

学習のポイント

①事務用品の名称と管理の仕方を覚える。
②オフィスでよく使うOA機器の特徴を知る。

1. 事務用品の種類

事務用品が不足すると仕事に支障が出るので，消耗品は予備を用意しておきます。秘書は，以下の事務用品をそろえて管理します。

(1) 事務用備品

事務用備品には，以下のようなものがあります。
■机
■椅子
■キャビネット，保管庫
■トレー（決裁箱）
■チェックライター……金額を打刻する器具
■ナンバリング……書類に自動的に番号を印字する器具
■ホチキス（ステープラ）
■穴開け器（パンチ）
■ファスナー（書類とじ）
■日付印
■シュレッダー（文書細断機）……文書を廃棄する際，機密保持のために細かく切り刻む機器。昨今では個人情報保護などの観点からも，必要なくなった書類をそのまま捨てず，シュレッダーにかけて処理する企業が増えている
■ホワイトボード……水性インクで文字などを書くための白地ボード。会議でよく使用する。最近では，書いたものを保存したり縮小してプリントできる電子ホワイトボードもある

(2) 事務用消耗品

事務用消耗品には以下のようなものがあります。
- ■鉛筆
- ■シャープペンシル
- ■消しゴム
- ■ボールペン
- ■サインペン
- ■マーカーペン
- ■朱肉
- ■スタンプ台
- ■透明テープ（セロテープ）
- ■両面テープ
- ■クリップ
- ■のり
- ■メモ用紙
- ■付箋
- ■ホチキスの針
- ■シャープペンシルの芯
- ■帳票類

(3) 事務用品の管理

秘書は日常的に次のチェックを行います。
① 上司の日付印の日付を合わせる
② 不足している消耗品の補充
③ 鉛筆やボールペンは書ける状態かどうか
④ 故障品や破損品の補修手配。手配はメーカーに依頼するか総務担当者に相談する

日付印の印影

2. OA機器

よく利用するOA機器の特徴を把握し，使いこなせるようにしましょう。

① コピー機

文書を複写する機器。フルカラーで出力できるものや，数十枚を自動でコピー

できるものなど多くの機能を持ったものがあります。現在は，コピーだけでなくファクスやスキャナー機能などを備え，パソコンと連動して使う複合機が主流となっています。

②**ファクシミリ（ファクス）**

電話回線を通じて画像や文書を遠隔地に送信する機器。電話が通じるところであれば海外でも送信ができます。郵送とは違い文書が手元に残るのが利点です。ただし，相手先の電話番号を間違えると情報が他に漏れる恐れがあるので，原則，重要文書は送ってはいけません。また，相手が文書を受け取ったかどうか分からないので，送信した旨を電話で知らせます。

③**パーソナルコンピューター（パソコン）**

専用のアプリケーションを使って，文書作成や帳簿管理，メールのやりとりをする機器。現在は，一人1台専用のパソコンを与えられているところが多く，ノートパソコンやタブレットなども普及しています。

ノートパソコンやメモリーなどは持ち運びに便利ですが，情報が漏れるリスクが大きいため，社外への持ち出しを制限しているところが多いようです。持ち出す場合は，十分な注意が必要です。

④**プリンター**

パソコンと接続して作成した文書や画像を印刷する機器。会議の資料などを作成し，印刷する際に使用します。

⑤**スキャナー**

文書や画像をデジタルデータにしてパソコンに取り込む機器。資料作成などに使用します。

⑥**プロジェクター**

図や文字をスクリーンに映し出す機器。プレゼンテーションや会議，研修会などで利用します。

過去問題チェック

[1] 部長秘書Aは上司から，「臨時部長会議を開くので準備を頼む」と会議の日時を言われた。そこで次のことを確認した。中から<u>不適当</u>と思われるものを一つ選びなさい。　**(3級)**

(1) 配布資料はあるか。
(2) 席順はどのようにするか。
(3) 会議室はいつもと同じでよいか。
(4) 会議の記録はどのようにするか。
(5) 会議中の飲み物はどのようにするか。

[2] 次は社内文書の書き方について述べたものである。中から<u>不適当</u>と思われるものを一つ選びなさい。　**(3級)**

(1) 横書きで書くのがよい。
(2) 受信者名は職名だけでもよい。
(3) 箇条書きなどで簡潔に書くのがよい。
(4) 「以上」は担当者名の後に書くのがよい。
(5) 文体は「です・ます」体で書くのがよい。

[3] 秘書Aは先輩から，上司の名刺整理の仕方について次のように教えられた。中から<u>不適当</u>と思われるものを一つ選びなさい。　**(3級)**

(1) 上司の私的な関係の名刺は，仕事上の名刺とは別に整理しておくのがよい。
(2) 名刺の数が多い場合は，名刺整理簿がページを増やせて一覧性もあるので便利である。
(3) 名刺には受け取った年月日や用件を記入しておくと，後で用があって使うときに役立つ。
(4) 移転通知や肩書が変わったなどの知らせがあったら，名刺をすぐに訂正しておかないといけない。
(5) 名刺は放っておくとたまる一方なので，時々点検し，不要になったものは破いて捨てる方がよい。

[4] 次は郵便について述べたものである。中から<u>不適当</u>と思われるものを一つ選びなさい。　**(3級)**

(1) 現金は専用の封筒でないと送ることはできない。
(2) はがきの形であっても規定を超えた大きさだと，封書の扱いになる。
(3) 届いた郵便物が送料不足のときは，受け取らないで差出人に戻してもらえる。
(4) 定形郵便物には重さの制限はないが，厚さを含めたサイズが決められている。
(5) 書留は宛て名人本人でなくても，届いた場所にいる人の押印かサインで受け取れる。

[5] 次は秘書Aが，社外の人が出席する会議の準備をしたとき行ったことである。中から<u>不適当</u>と思われるものを一つ選びなさい。　**(3級)**

(1) その日は特に暑い日だったので，会議室の空調の温度設定を低めにして部屋を冷やしておいた。
(2) その日の出席者は少なかったので，

いつもよりゆったりと座席のスペースを取り，余った椅子は外しておいた。
(3) 事前に配布してある資料を忘れてきた人のために，受付の机にその資料と自由にどうぞと書いたメモを置いた。
(4) その日配布した資料は「秘」資料ではなかったので，何の資料かがすぐに分かるよう表を上にして各席に置いた。
(5) 会議が始まる直前にホワイトボードのマーカーのインク切れが分かったので，間に合わせで隣の会議室の物を借りた。

[6] 次は秘書Aが上司のスケジュールを組むときに，面会の予約をできるだけ入れないようにしている場合である。中から不適当と思われるものを一つ選びなさい。　　　(3級)

(1) 業務時間外
(2) 出張から戻る日
(3) 外出の直前，直後
(4) 昼食時間の直前，直後
(5) Aの仕事が立て込んでいるとき

[7] 秘書Aの上司は，社外の人を招集して会議を開くことがある。次はホテルの会議室を手配するとき，日時の他にAが上司に確認したことである。中から不適当と思われるものを一つ選びなさい。　　　(2級)

(1) 宿泊する人はいるか。
(2) 会議名と出席予定人数。
(3) 希望するホテルはあるか。
(4) 予算の限度はどのくらいか。
(5) いつまでに手配すればよいか。

[8] 秘書Aは秘文書を扱うことになった。秘文書の取り扱いは慎重にしなければいけない，と日ごろ先輩から言われている。そこでAは秘文書のコピーについて次のように考えた。中から適当と思われるものを一つ選びなさい。　　　(2級)

(1) コピーをし損じたものは，破棄せず自分が責任を持って保管するのがよいかもしれない。
(2) 貸し出すときは，原本の破損を防ぐために，コピーしたものを貸し出すのがよいかもしれない。
(3) 保管を指示されたときは，紛失の場合を考えて，1部コピーをとっておくのがよいかもしれない。
(4) コピーをするときは，秘文書をコピーしていることが周囲に分からないようにするのがよいかもしれない。
(5) 会議で配布するためにコピーするときは，予備としてのコピーは少なめにしておくのがよいかもしれない。

[9] 次は上司に送られてきた招待状を，出席として返信する場合の書き方である。中から不適当と思われるものを一つ選びなさい。　　　(2級)

(1) 「ご出席」と書いてある箇所は，「ご」を二本線で消す。
(2) 「ご欠席」と書いてある箇所は，二本線で全部消す。

(3) 「ご芳名」と書いてある箇所は，「ご」を二本線で消す。
(4) 宛て先が個人の場合は，「行」を二本線で消して「様」と書き直す。
(5) 宛て先が会社の場合は，「行」を二本線で消して「御中」と書き直す。

[10] 次の「 」内は，秘書Aの上司（山田部長）宛てに届いた手紙に書かれていたことである。中から<u>不適当</u>と思われるものを一つ選びなさい。　　　　　　　　**(2級)**

(1) 取引先からの事務所移転の通知状に
「拝啓　時下ますますご隆盛のこととお喜び申し上げます」
(2) 取引先からの礼状に
「拝啓　向春の候，時下ますますご清祥のこととお喜び申し上げます」
(3) 面識のない人からの文書に
「拝啓　晩冬の候，貴社ますますご発展のこととお喜び申し上げます」
(4) 知人からの手紙に
「拝啓　寒さ厳しゅうございますが，その後ご壮健にお過ごしでしょうか」
(5) 上司が購入している健康食品の会社からのDMに
「拝啓　余寒の候，山田様におかれましてはますますご健勝のこととお喜び申し上げます」

補 講

1 社会人に求められる態度，振る舞い
―― お辞儀・立つ・座る・歩く・明るい表情

社会人にはふさわしい態度や振る舞いがあります。それを一言でいえば「きちんと丁寧」。では，きちんと丁寧な態度や振る舞いを身に付けるにはどのようにしたらよいでしょうか。お辞儀の練習から始める秘書検定メソッドでそのステップを学びます。

2 新社会人の平均的な働く一日

朝起きてから，夜就寝するまで，社会人の働く一日はどのように組まれているのでしょうか。オフィスではどのような作業が待っているのでしょうか。新社会人の平均的な一日を追います。

1 社会人に求められる態度,振る舞い
―― お辞儀・立つ・座る・歩く・明るい表情

1. 社会人にはふさわしい態度,振る舞いがある

　社会人と学生ではさまざまなところで大きな違いがあります。その一つが態度,振る舞いです。
　朝出社してから,夕方退社するまで,社会人は社内外の多くの人と接触します。その接触のとき何気なく行う態度,振る舞いに,実は大きな意味があるのです。はっきりしない態度,粗雑な振る舞いをしていたのでは,その人の信用は間違いなく落ちます。反対にきちんとした態度,丁寧な振る舞いをする人の信用は確実に上がります。長い目で見るとその差は大変なものになるでしょう。
　学生のときはこのようなことは気にしないで済みました。仲間と会うときも,教授に面会するときも,態度,振る舞いを気にする人はそれほどいません。うるさく言うのは就職担当の教職員だけでしょう。しかし,社会人ではそうはいきません。お得意さまに適当なお辞儀をしていたら,取引を停止されるかもしれません。自社の社長や上司に面会するときだらだらとした態度をとったら,印象は一発で悪くなります。態度や振る舞いはその人を判断する重要な入り口なのです。その入り口が汚れていたら,周囲の判断が悪くなるのは当然です。そのことをまず意識してください。

2.「きちんと丁寧」を心がける

　それでは社会人にふさわしい態度,振る舞いで何を実現するのでしょうか。目標は「きちんと丁寧」です。相手にこの人は「きちんとしている」「丁寧な人だな」と思ってもらうことが大事なのです。
　それでは「きちんと丁寧」とは具体的にどのような内容なのでしょうか。「きちんと」とは折り目正しく,乱れたところやいいかげんなところがない様子をいいます。身近な例でいえばこういうところです。自宅あるいはよその家に上がるとき,玄関に脱いだ靴をどうしているか。脱いだまま,散らばったままならば,いいかげんという判断になります。そろえて向きを外にしていればきちんとしているという判断になるでしょう。

「丁寧」とは隅々まで注意が行き届いていることです。これもまた身近な例で考えてみましょう。物や書類などを渡すとき，受け取るとき，片手で行うと横柄な態度に見えることがあります。これをきちんと両手を添えて行うだけで，丁寧な態度と評価できます。

「きちんと丁寧」といってもそれほど難しいことではありません。その気になればできることです。とはいえ，これまで家でも学校でもあまり厳しく言われてきたことではありませんから，どうやって「きちんと丁寧」を生み出す態度や振る舞いを身に付けるか，戸惑う人は多いでしょう。そうした方にお勧めなのが，お辞儀から始める「秘書検定メソッド」です。

3. お辞儀ができれば全てがきちんとできる

きちんとした態度，振る舞いを身に付けようとするとき，お辞儀の練習から始めるのには理由があります。お辞儀は身体の動きが大きいので，その善しあしが分かりやすいことが最大の理由です。お辞儀がきちんとできれば，その他の態度，振る舞いもきちんとすることは，多くの秘書検定合格者の例が示しています。どのように習得していくか，イラストを見ながら練習し身に付けてください。

(1) 基本姿勢（立ち姿勢）

まずはお辞儀をする前の基本姿勢です。この姿勢は普段の立ち姿勢にも通じます。ポイントは背筋を伸ばすこと。上から吊り上げられるような感覚ですっと立ちます。お腹は引っ込め，膝は伸ばします。かかとは付けて，つま先は15度〜30度くらい開けます。両手は身体の横に置き，視線は正面で顎を引きます。

基本姿勢が悪いとその後のお辞儀がうまくいきません。きれいなきちんとしたお辞儀を

するためにも基本姿勢は大事です。

（2）お辞儀

基本姿勢がマスターできたら、いよいよお辞儀の練習です。以下のステップを踏みます。

①背筋を伸ばしたまま、腰からサッと曲げる

両手は前で組みます。ポイントは背筋を伸ばしたまま腰を折ること。テンポよく「サッと下げる」こと。この二つを意識してください。

②止める

サッと下げたら、「止め」ます。時間は短くてもよいですが、明らかに止まっていることを意識してください。

③上体をゆっくりと上げる

上体を起こすときは、時間をかけ「ゆっくりと上げ」ます。

「サッと下げ」「止め」「ゆっくり上げる」。このテンポにお辞儀の丁寧さが表われます。お辞儀には会釈、敬礼、最敬礼とありますが、テンポはいずれも同じです。

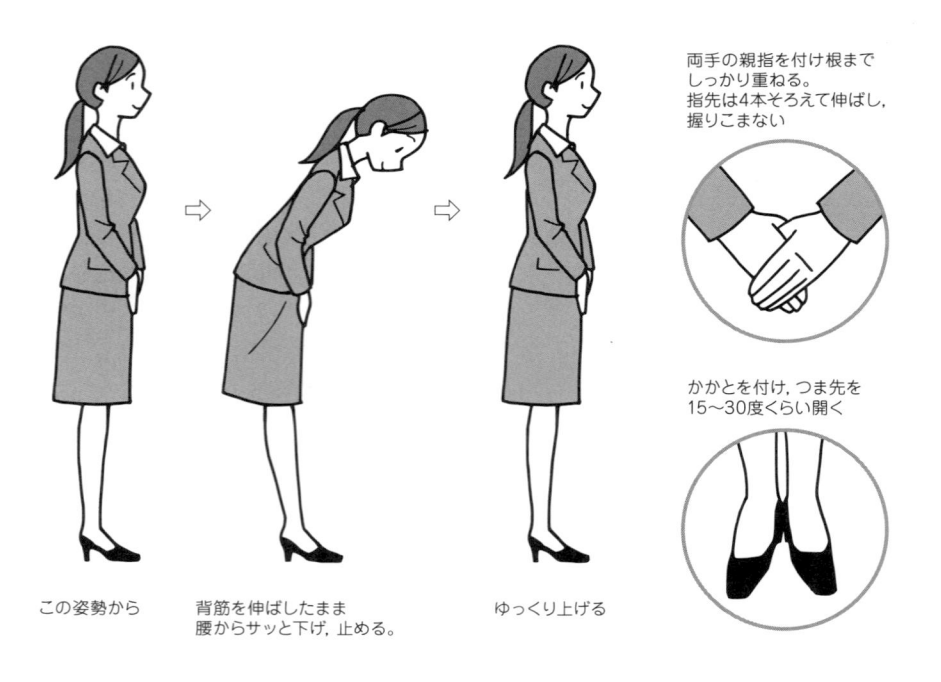

この姿勢から　　背筋を伸ばしたまま　　ゆっくり上げる
　　　　　　　　腰からサッと下げ、止める。

両手の親指を付け根までしっかり重ねる。
指先は4本そろえて伸ばし、握りこまない

かかとを付け、つま先を15〜30度くらい開く

4. 歩く姿勢，座る姿勢をマスターする

お辞儀の姿勢がマスターできたら，次は歩く姿勢，座る姿勢です。きれいに歩いたり，スマートに椅子に座ったり立ったりする姿は周囲の人によい印象を与えます。

(1) 歩く姿勢

①背筋
お辞儀と同じように背筋をぴんと伸ばします。背筋が曲がっていると，だらしなく歩いている印象になります。

②視線と膝
視線はやや前方におきます。膝は内側が少し触れ合うくらいで歩き始めます。踏み出す足の膝は曲げずに伸ばします。

(2) 座る姿勢

①椅子に腰かけるとき
椅子には静かに腰かけます。このときも，背筋を伸ばすことが大事です。また椅子の背もたれに深々と背中を付けたり，反対に浅く腰かけるのではなく，背中と背もたれの間に少し空間があるくらいに座ります。足はそろえて膝を90度に曲げます。

②椅子から立ち上がるとき
背筋を伸ばしたまま，腰からすっと立ち上がります。片足を後ろに引くと立ち上がりやすくなります。一度両足をそろえてから歩き出します。

5. 明るい表情

　お辞儀と姿勢だけでなく，忘れてはいけないのが明るい表情です。明るい表情とは，口角を上げ，ほほ笑むような柔和な表情のことです。

　明るい表情の人は，周囲の人によい印象を与えるだけでなく，この人に仕事を任せたいという気持ちにさせるものです。無表情であったり，不満そうな顔をしていると，せっかく身に付けた態度，振る舞いも，印象の浅いものになりかねません。上司だけでなく，社内外のさまざまな人に対し，分け隔てなく明るい表情で接することが大切です。

　明るい表情を練習するときには，特に口元と目元に気を付けます。ここで注意したいのは，単に口角だけを上げるのではだめだということ。頬全体を持ち上げるようにします。あいさつの言葉などを言いながら練習するとよいでしょう。言葉の語尾を少し上げるようにして，最後まではっきりと発声してみると，自然に口角が上がるのが分かるはずです。また目については，相手の目を見て話すことが基本ですが，穏やかにほほ笑むような柔らかさを心がけましょう。

　明るい表情があれば，あなたの態度，振る舞いはさらに光ります。お辞儀や姿勢の練習をするときには，明るい表情の練習も忘れないようにしましょう。

補講

2 新社会人の平均的な働く一日

平均的な働く一日のスケジュール

時刻	予定
6:00	起床・朝食
⋮	
9:00	出社
10:00	ミーティング
11:00	電話応対
12:00	昼食
13:00	新人研修
14:30	書類作成
15:00	来客応対
16:00	お使い
17:00	退社
19:00	夕食
⋮	
23:00	就寝

1. しっかりとスケジュールを組んで働く

　学生，生徒から社会人になると多くの場面で変化があります。その中でも痛感するのは時間を守ることの厳しさです。9時出社と決められていれば，電車の遅れなど正当な理由がない限り9時出社を守らなければなりません。遅れれば遅刻としてペナルティが課されます。もちろん信用も失います。社内外の人との会議や連絡，交渉も増えますが，約束した時間を守るのは絶対です。

　時間を守ること以外にも社会人が心がけなければならないことはたくさんあります。業務に関連する勉強もしなければなりません。そうした一日を毎日繰り返すのですから，いいかげんな生活態度ではたちまち壁に突き当たってしまいます。

　壁を打ち破るために必要なのが，働く一日のしっかりとしたスケジュールづくりです。成り行き任せで一日を送っていては，成果はおぼつかず疲労ばかりが残ってしまいます。特に，新社会人は職場環境にも人間関係にも慣れていませんから，きちんとしたスケジュールと段取りは何より大事なことになります。

　以下は，特にオフィスで働く新社会人の平均的な一日の流れをまとめたものです。それぞれの業務の内容をしっかりと理解し，社会人の動きを学んでください。

2. 働く一日の典型 15シーン

◎シーン1　起床・朝食
　一般的に社会人の朝は早いのが特徴です。遅刻は許されないからです。通勤時間が長い場合はなおさらです。また，早朝に勉強したり運動する人もいるでしょう。これからの時代，朝は貴重な時間として注目を集めています。

◎シーン2　服装・身だしなみ
　服装・身だしなみは清潔が第一です。汚れは周囲が不快に感じますし，信用にも関わります。スーツや制服はもちろん，ハンカチ，靴下など小物にも注意します。朝のチェックもよいですが，前夜にしておくと安心です。

◎シーン3　通勤
　大都市では電車通勤が一般的です。混雑に負けない体力が必要です。地方ではマイカー通勤もあるでしょう。眠気が覚めぬまま運転して事故を起こすことがないよう注意します。

◎シーン4　出社・あいさつ
　定刻前に出社するようにします。出会った人には必ず目を見て元気よくあいさ

つします。一日の始まりは爽やかなあいさつからです。

◎シーン5　今日の作業の確認
　掃除などを終えたら今日の作業の確認です。出席しなければならないミーティングや会議。作成しなければならない書類。行かなければならないところ。やるべきことはたくさんあります。それらの内容と開始時間，必要な時間，準備するものなどを確認します。

◎シーン6　段取りを考える
　作業を行うとき重要になるのが段取りです。段取りとは仕事を効率的に行う手順のことです。例えば掃除。最初に掃き掃除を行い，次に拭き掃除，最後にから拭きと手順を決めておいて用具をそろえておけば，作業はスムーズに進みます。段取りを考える，考えないでは，成果に大きな違いが出ます。

◎シーン7　優先順位を考える
　幾つかの作業があるとき，どの作業から取りかかるか。優先順位を考えなければなりません。基本は緊急度が高い物が優先されます。新人の間は上司や先輩の指示を守りながら，優先順位の付け方を勉強します。

◎シーン8　ミーティング・会議
　ミーティングや会議に出席するときは，必ずノートを持ち，席上での意見や上司の指示，命令などをメモします。ミーティングをしているときにかかってきた電話は新人が応対します。配布される書類は分かりやすくファイルしておきます。

◎シーン9　電話応対
　かかってきた電話の応対は，その場の担当者がいないときは新人の役目となります。はっきりした声で簡潔に応対します。電話応対の実務については第4章第2節を参照してください。

◎シーン10　報告・連絡・相談
　いわゆる「ホウレンソウ」です。仕事が終わったときの報告，重要な事項が起きたときの連絡，不明点が出たときの相談。新人は独断で決めたり思い込まず，何事につけホンレンソウを徹底します。

◎シーン11　仕事の学習
　仕事に関する専門知識の学習は，特に新人であれば欠かすことはできません。会社によっては研修の時間を取るところもあるでしょう。退社してから専門学校に通う人もいます。また，新聞等で一般知識を養うことも大事です。

◎シーン12　社外での行動
　いわゆるお使いや，営業等での他社訪問等，社外での行動も部門によって多く

なります。出かける前は身だしなみ等をチェックし，先方に行ったら社会人としてふさわしい言葉遣いと態度で相手に接します。

◎シーン13　整理・後始末

　オフィスでの一日が終わったら，机周辺の整理をします。パソコンの電源をしっかり落とすなど，何か設備を使ったら後始末も大事です。会社によっては日報を書くこともあります。

◎シーン14　あいさつ・退社

　周囲より先に退勤するときは「お先に失礼します」と必ずあいさつします。上司や先輩が先に帰るときは「お疲れさまでした」とあいさつします。タイムカードに打刻して退社です。

◎シーン15　就寝まで

　退社してから就寝までは，あなたの時間です。何をしても自由ですが，明日も朝早く起きなければなりません。あまり羽目を外さないようにしましょう。この時間を勉強に当てている人も多くいます。

3．働く楽しさ，喜びを見つけよう

　新社会人の平均的な一日，いかがでしょうか。こんなにやることがあるのかと，気が重くなる人もいるかもしれません。確かに，職場に慣れないうちは電話応対一つとっても大変な仕事と感じがちです。

　しかし，慣れてくると違います。一つ一つの仕事の意味が分かり理解すると，今度は仕事が楽しく感じられます。かかってきた電話も積極的に取るようになります。働く喜びがそこにあるからです。皆さんが職場に出て，一日も早く働く楽しさ，喜びを見つけることができることを願っています。

秘書技能審査基準

合格基準

筆記試験は1級～3級とも「理論」と「実技」に領域区分され，それぞれの得点が60％以上のとき合格になります。理論領域が満点でも実技領域が半分の出来では合格になりません。

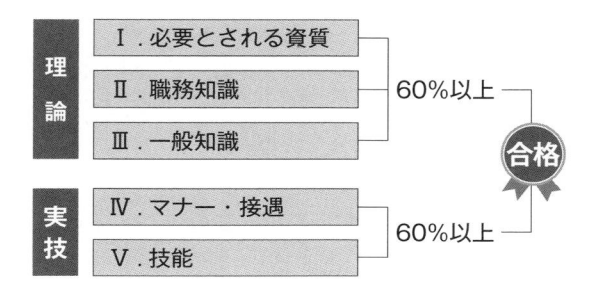

理論
- Ⅰ. 必要とされる資質
- Ⅱ. 職務知識
- Ⅲ. 一般知識

60％以上

実技
- Ⅳ. マナー・接遇
- Ⅴ. 技能

60％以上

合格

3級 初歩的な秘書的業務の理解ができ，2級に準じた知識があり，技能が発揮できる。

領域		内容
Ⅰ 必要とされる資質	(1) 秘書的な仕事を行うについて備えるべき要件	①初歩的な秘書的業務を処理する能力がある。 ②判断力，記憶力，表現力，行動力がある。 ③機密を守れる，機転が利くなどの資質を備えている。
	(2) 要求される人柄	①身だしなみを心得，良識がある。 ②誠実，明朗，素直などの資質を備えている。
Ⅱ 職務知識	(1) 秘書的な仕事の機能	①秘書的な仕事の機能を知っている。 ②上司の機能と秘書的な仕事の機能の関連を知っている。
Ⅲ 一般知識	(1) 社会常識	①社会常識を備え，時事問題について知識がある。
	(2) 経営に関する知識	①経営に関する初歩的な知識がある。
Ⅳ マナー・接遇	(1) 人間関係	①人間関係について初歩的な知識がある。
	(2) マナー	①ビジネスマナー，一般的なマナーを心得ている。
	(3) 話し方，接遇	①一般的な敬語，接遇用語が使える。 ②簡単な短い報告，説明ができる。 ③真意を捉える聞き方が，初歩的なレベルでできる。 ④注意，忠告が受けられる。
	(4) 交際の業務	①慶事，弔事に伴う庶務，情報収集と簡単な処理ができる。 ②贈答のマナーを一般的に知っている。
Ⅴ 技能	(1) 会議	①会議に関する知識，および進行，手順について初歩的な知識がある。 ②会議について，初歩的な計画，準備，事後処理ができる。
	(2) 文書の作成	①簡単な社内文書が作成できる。 ②簡単な折れ線，棒などのグラフを書くことができる。
	(3) 文書の取り扱い	①送付方法，受発信事務について初歩的な知識がある。 ②秘扱い文書の取り扱いについて初歩的な知識がある。
	(4) ファイリング	①簡単なファイルの作成，整理，保管ができる。
	(5) 資料管理	①名刺，業務上必要な資料類の簡単な整理，保管ができる。 ②要求された簡単な社内外の情報収集ができ，簡単な整理，保管ができる。
	(6) スケジュール管理	①上司の簡単なスケジュール管理ができる。
	(7) 環境，事務用品の整備	①オフィスの簡単な整備，管理，および事務用品の簡単な整備，管理ができる。

2級　秘書的業務について理解ができ，準1級に準じた知識があり，技能が発揮できる。

領　域		内　容
Ⅰ 必要とされる資質	(1) 秘書的な仕事を行うについて備えるべき要件	①一般的に秘書的業務を処理する能力がある。 ②判断力，記憶力，表現力，行動力がある。 ③機密を守る，機転が利くなどの資質を備えている。
	(2) 要求される人柄	①身だしなみを心得，良識がある。 ②誠実，明朗，素直などの資質を備えている。
Ⅱ 職務知識	(1) 秘書的な仕事の機能	①秘書的な仕事の機能を知っている。 ②上司の機能と秘書的な仕事の機能の関連を知っている。
Ⅲ 一般知識	(1) 社会常識	①社会常識を備え，時事問題について知識がある。
	(2) 経営管理に関する知識	①経営管理に関する初歩的な知識がある。
Ⅳ マナー・接遇	(1) 人間関係	①人間関係について一般的な知識がある。
	(2) マナー	①ビジネスマナー，一般的なマナーを心得ている。
	(3) 話し方，接遇	①一般的な敬語，接遇用語が使える。 ②短い報告，説明，簡単な説得ができる。 ③真意を捉える聞き方が一般的にレベルできる。 ④忠告が受けられ，注意ができる。
	(4) 交際の業務	①慶事，弔事に伴う庶務，情報収集とその処理ができる。 ②贈答のマナーを一般的に知っている。 ③上司加入の諸会の事務を扱うことができる。
Ⅴ 技能	(1) 会議	①会議に関する知識，および進行，手順についての知識がある。 ②会議の計画，準備，事後処理ができる。
	(2) 文書の作成	①文例を見て，社内外の文書が作成できる。 ②会議の簡単な議事録が作成できる。 ③折れ線，棒，簡単な円などのグラフを書くことができる。
	(3) 文書の取り扱い	①送付方法，受発信事務について知識がある。 ②秘扱い文書の取り扱いについて知識がある。
	(4) ファイリング	①一般的なファイルの作成，整理，保管ができる。
	(5) 資料管理	①名刺，業務上必要な資料等の整理，保管が一般的にできる。 ②要求された社内外の情報収集，整理，保管が一般的にできる。
	(6) スケジュール管理	①上司のスケジュール管理が一般的にできる。
	(7) 環境，事務用品の整備	①オフィスの整備，管理，および事務用品の整備，管理が一般的にできる。

準1級　一次試験（筆記）　秘書的業務について理解があり，1級に準じた知識を持つとともに，技能が発揮できる。

領域		内容
Ⅰ 必要とされる資質	(1) 秘書的な仕事を行うについて備えるべき要件	①秘書的な仕事を処理する能力がある。 ②判断力，記憶力，表現力，行動力がある。 ③機密を守れる，機転が利くなどの資質を備えている。
	(2) 要求される人柄	①身だしなみを心得，良識がある。 ②誠実，明朗，素直などの資質を備えている。
Ⅱ 職務知識	(1) 秘書的な仕事の機能	①秘書的な仕事の機能を知っている。 ②上司の機能と秘書的な仕事の機能の関連を知っている。
Ⅲ 一般知識	(1) 社会常識	①社会常識を備え，時事問題について知識がある。
	(2) 経営管理に関する知識	①経営管理に関する一般的な知識がある。
Ⅳ マナー・接遇	(1) 人間関係	①人間関係について知識がある。
	(2) マナー	①ビジネスマナー，一般的なマナーを心得ている。
	(3) 話し方，接遇	①状況に応じた言葉遣いができ，適切な敬語，接遇用語が使える。 ②長い報告，説明，苦情処理，説得ができる。 ③真意を捉える聞き方ができる。 ④忠告が受けられ，忠告の仕方を理解している。
	(4) 交際の業務	①慶事，弔事の次第とそれに伴う庶務，情報収集とその処理ができる。 ②贈答のマナーを知っている。 ③上司加入の諸会の事務，および寄付などに関する事務が扱える。
Ⅴ 技能	(1) 会議	①会議に関する知識，および進行，手順についての知識がある。 ②会議の計画，準備，事後処理ができる。
	(2) 文書の作成	①社内外の文書が作成できる。 ②会議の簡単な議事録が作成できる。 ③折れ線，棒，円などのグラフを書くことができる。
	(3) 文書の取り扱い	①送付方法，受発信事務について知識がある。 ②秘扱い文書の取り扱いについて知識がある。
	(4) ファイリング	①ファイルの作成，整理，保管ができる。
	(5) 資料管理	①名刺，業務上必要な資料類の整理，保管ができる。 ②要求された社内外の情報収集，整理，保管ができる。
	(6) スケジュール管理	①上司のスケジュール管理ができる。
	(7) 環境，事務用品の整備	①オフィスの整備，管理，および事務用品の整備，管理が適切にできる。

二次試験（面接）

(1) ロールプレイング
　　（審査要素）
　　　秘書的業務担当者としての，態度，振る舞い，話の仕方，言葉遣い，物腰，身なりなどの適性。
　　　①一般的なあいさつ（自己紹介）ができる。
　　　②上司への報告ができる。
　　　③上司への来客に対応できる。

1級　一次試験（筆記）
秘書的業務全般について十分な理解があり，高度な知識を持つとともに，高度な技能が発揮できる。

領域		内容
Ⅰ 必要とされる資質	(1) 秘書的な仕事を行うについて備えるべき要件	①秘書的な仕事を処理するのに十分な能力がある。 ②判断力，記憶力，表現力，行動力がある。 ③機密を守れる，機転が利くなどの資質を備えている。
	(2) 要求される人柄	①身だしなみを心得，良識がある。 ②誠実，明朗，素直などの資質を備えている。
Ⅱ 職務知識	(1) 秘書的な仕事の機能	①秘書的な仕事の機能を知っている。 ②上司の機能と秘書的な仕事の機能の関連を十分に知っている。
Ⅲ 一般知識	(1) 社会常識	①社会常識を備え，時事問題について知識が十分にある。
	(2) 経営管理に関する知識	①経営管理に関する一般的な知識がある。
Ⅳ マナー・接遇	(1) 人間関係	①人間関係について知識が十分にある。
	(2) マナー	①ビジネスマナー，一般的なマナーを十分に心得ている。
	(3) 話し方，接遇	①状況に応じた言葉遣いが十分にでき，高度な敬語，接遇用語が使える。 ②複雑で長い報告，説明，苦情処理，説得ができる。 ③真意を捉える聞き方ができる。 ④忠告が受けられ，忠告の仕方を十分に理解している。
	(4) 交際の業務	①慶事，弔事の次第とそれに伴う庶務，情報収集とその処理ができる。 ②贈答のマナーを十分知っている。 ③上司加入の諸会の事務，および寄付などに関する事務ができる。
Ⅴ 技能	(1) 会議	①会議に関する知識，および進行，手順についての知識が十分にある。 ②会議の計画，準備，事後処理が十分にできる。
	(2) 文書の作成	①社内外の文書が作成できる。 ②会議の議事録が作成できる。 ③データに基づき，適切なグラフを書くことができる
	(3) 文書の取り扱い	①送付方法，受発信事務について知識が十分にある。 ②秘扱い文書の取り扱いについて知識が十分にある。
	(4) ファイリング	①適切なファイルの作成，整理，保管ができる。
	(5) 資料管理	①名刺，業務上必要な資料類の整理，保管ができる。 ②要求された社内外の情報収集，整理，保管ができる。
	(6) スケジュール管理	①上司のスケジュール管理が十分にできる。
	(7) 環境の整備	①オフィスの整備，管理ができ，レイアウトの知識がある。

二次試験（面接）

(1) ロールプレイング
（審査要素）
秘書的業務担当者としての，態度，振る舞い，話の仕方，言葉遣い，物腰，身なりなどの適性。
　①上司への報告ができる。
　②上司への来客に対応できる。

秘書検定模擬試験
〈3級〉

＊この模擬試験は，秘書検定3級の実問題を再構成したものです。

区分	領域		得点	得点合計	合否
理論	Ⅰ．必要とされる資質				
	Ⅱ．職務知識				
	Ⅲ．一般知識				
実技	Ⅳ．マナー・接遇	選択問題			
		記述問題			
	Ⅴ．技能	選択問題			
		記述問題			

氏名	No.

理論 ● 必要とされる資質

[1] 秘書Aの上司が外出中にNと名乗る不意の来客があった。ぜひ上司に会いたいと言うので用件を尋ねると，上司に会って直接話すということである。上司の帰社予定は1時間後である。このような場合Aは，この客にどのように対応するのがよいか。次の中から<u>不適当</u>と思われるものを一つ選びなさい。

(1) 上司に会って直接話すということなら，前もって連絡してから訪ねてもらいたいと言う。
(2) N氏の来訪があったことは上司に伝えておくので，後日改めて連絡をもらえないかと言う。
(3) 上司は外出中と話して次に来社できる日時を尋ね，後でこちらから連絡させてもらうと言う。
(4) 上司は1時間後に戻る予定と話し，待ってくれるということなら応接室に通して待ってもらう。
(5) 今上司は外出しているので，上司が戻り次第都合を連絡させてもらうと言って連絡先を尋ねておく。

[2] 新人秘書Aは上司から，今日は取引先のS社に直行し，資料を受け取ってから出社するように指示されている。このため皆が仕事をしているところへ出社することになるが，このような場合の朝のあいさつはどのようにするのがよいか。次の中から**適当**と思われるものを一つ選びなさい。

(1) 上司は資料を待っているであろうから，皆には何も言わず上司のところへ直接行き，上司に「おはようございます」と言う。
(2) 資料を受け取ってからの遅い出社であっても，普段と同じように，皆に聞こえるような声で「おはようございます」と言う。
(3) 皆はもう仕事をしているしAを見れば分かるのだから，邪魔にならないように小さな声で「おはようございます」と言う。
(4) 課員の中にはAが遅刻したと思っている人もいるかもしれないので，皆に聞こえるように「S社に寄ってきました」と言う。
(5) Aの出社に気付いた課員にお辞儀をしながら上司のところへ行き，上司にはいつもと同じように「おはようございます」と言う。

[3]　秘書Ａが先輩の急ぎの仕事を手伝っていたとき，上司から私用を指示された。急ぎの仕事はあと１時間ほどかかりそうである。このような場合どのように対処したらよいか。次の中から不適当と思われるものを一つ選びなさい。

(1) 上司には承知したと言って，先輩にどのようにしたらよいか相談する。
(2) 上司にいつまでにすればよいか確認し，急がないようなら急ぎの仕事を続ける。
(3) 上司に急ぎの仕事が終わるおおよその時間を言って，私用はその後でよいか尋ねる。
(4) 自分は上司の秘書なので，先輩に急ぎの仕事は中断させてもらうと言って私用を先に行う。
(5) さほど時間はかからないことなので，先輩に切りのよいところで中断して私用を済ませてもよいか尋ねる。

[4]　秘書Ａの下に配属された新人Ｂは，仕事に対してはまだ受け身である。そこでＡはＢに次のような指導をした。中から不適当と思われるものを一つ選びなさい。

(1) 頼まれた仕事が期限に間に合いそうもないときは，早めに指示を仰ぐようにする。
(2) 勤務時間中に手すきの時間ができたときは，周囲の人に「何かございませんか」と尋ねるようにする。
(3) 予約のない客が訪れたときは，たとえ上司の友人であっても用件をきちんと確認して取り次ぐようにする。
(4) 不在の人の机上の内線電話が鳴ったときは，そのままにせず「はい，○○さんの席です」と言って出るようにする。
(5) コピー機にセットされた用紙がなくなっているときは，もう自分が使わなくても用紙を補充しておくようにする。

[5]　秘書Ａは顔なじみの取引先の人から，今度の受付の人はおとなしい人だねと言われた。Ａはこの場合のおとなしいということは，受付にはふさわしくないという意味だと思い，おとなしい人は来客にどのように見られるか次のように考えてみた。中から不適当と思われるものを一つ選びなさい。

(1) 頼りなさそう
(2) 元気がなさそう
(3) 明るくなさそう
(4) 素直でなさそう
(5) 親しみやすくなさそう

理論 ● 職務知識

[6] 秘書Aの上司であるM支社長が近々代わることになった。今度の上司は本社から営業部長が栄転してくる。そこでAは本社の営業部長秘書に，心の準備のため次のことを尋ねた。中から<u>不適当</u>と思われるものを一つ選びなさい。

(1) どのような性格の人か。
(2) 見たところどんな感じの人か。
(3) M支社長に栄転した理由は何か。
(4) こちらに転居するのはいつごろか。
(5) この地方のことを知っている人か。

[7] 新人秘書Aの上司のところへ，面会の約束をしているという取引先のK氏が訪れた。スケジュール表には面会の予定はなく，上司は外出していて今日は戻らない。Aは受付の仕事を教えられたばかりで，このようなケースは初めてである。この場合Aは，上司は外出していると言った後K氏にどのような対応をするのがよいか。次の中から**適当**と思われるものを一つ選びなさい。

(1) 自分は新人なのでどうすればよいか聞いてくると言う。
(2) 出直してもらいたいと言って面会の希望日時を尋ねる。
(3) K氏来訪のことは聞いていないのでどうするかと尋ねる。
(4) 少し待ってもらえないかと言って，先輩に対応を代わってもらう。
(5) 今日のこの時間の面会というのは何かの間違いではないかと言う。

[8]　秘書Aの上司が取引先数社を訪問するため，部下一人と共に出張することになった。次はそのときAがした出張の準備などである。中から不適当と思われるものを一つ選びなさい。

(1) 宿泊するホテルを上司に確認しながら選び，予約した。
(2) 出張旅費の仮払いを受け，乗車券などを購入して渡した。
(3) 部内の人に出張を伝え，急ぎで必要な決裁などはないか尋ねた。
(4) 上司に土産をどうするか尋ね，希望の品を購入して部下に渡した。
(5) 作成した出張日程表を部下に渡し，それに沿った行動をするように伝えた。

[9]　秘書Aが電話を取り，こちらが名乗っても何も言わないので「どちらさまですか」と尋ねると，少し間を置いて切られてしまうことがたまにある。次は，このような場合どのようにすればよいかAが考えたことである。中から適当と思われるものを一つ選びなさい。

(1) 無言なのだから，声が聞こえないので切らせてもらう，と断って切るのがよいのではないか。
(2) 相手に，用事がないのなら電話をしてもらうのは迷惑だ，と言って切るのがよいのではないか。
(3) こちらが名乗っているのに何も言わないのだから，相手が切るのを待っていればよいのではないか。
(4) こちらの人が代われば何か言うかもしれなので，近くの人に代わってもらうのがよいのではないか。
(5) 相手はこちらの出方を見計らっているのだろうから，名乗っているのに答えないならすぐに切ればよいのではないか。

[10]　秘書Aは上司の奥さまからの電話を受けた。急用ということだが，上司は営業所に出かけていて戻るのは夕方の予定である。このような場合Aは奥さまに，上司は営業所に出かけていると伝えた後どのように言うのがよいか，次の中から適当と思われるものを一つ選びなさい。

(1) 営業所の場所を教えるので，今からそちらに出向いたらどうかと言う。
(2) 上司は夕方には戻ることになっている，それまで待つことはできないかと言う。
(3) 営業所の電話番号を教えるので，急ぎなら上司に電話してみてはどうかと言う。
(4) 上司に連絡して奥さまへ電話するように伝えるので，少し待ってもらえないかと言う。
(5) 用件によっては上司に自宅へ連絡するように伝えるので，詳しいことを教えてもらえないかと言う。

理論 ● 一般知識

[11] 次は国民の祝日の一部である。中から日にちが年によって異なるものを一つ選びなさい。

(1) 敬老の日
(2) 昭和の日
(3) 文化の日
(4) 憲法記念日
(5) 勤労感謝の日

[12] 次は関係ある用語の組み合わせである。中から不適当と思われるものを一つ選びなさい。

(1) スキルアップ——資格
(2) チームワーク——仕事
(3) トップダウン——社長
(4) ベースアップ——給料
(5) オブザーバー——年金

[13] 次は関係ある用語の組み合わせである。中から不適当と思われるものを一つ選びなさい。

(1) 債務——原価
(2) 融資——利息
(3) 売上——利益
(4) 給与——税金
(5) 株式——配当

実技 ● マナー・接遇

[14] 次の「　　」内は，秘書Ａが言った言葉である。中から<u>不適当</u>と思われるものを一つ選びなさい。

(1) 社内のエレベーターに乗り込んだとき，客らしい人に，「こんにちは」
(2) 社内の廊下で，前を歩いていた人を追い越すとき，「失礼いたします」
(3) 朝早くに出社したとき，既に仕事をしている先輩に，「おはようございます。お早いですね」
(4) 上司の使いで近所まで外出するとき，周りの人に，「ついでの用事がありましたらおっしゃってください」
(5) 昼食を済ませてレストランを出るとき，先に来ていてまだ食事中の課長に，「お先に失礼してよろしいでしょうか」

[15] 秘書Ａの会社では月に1回部長会議が行われ，準備やお茶出しは当番部長の秘書が当たることになっている。次は部長会議のお茶出しについて，新人であるＡが先輩から教えられたことである。中から<u>不適当</u>と思われるものを一つ選びなさい。

(1) 茶葉，コーヒー，砂糖，ミルクなどが，当日切れたりしないように前もって確認しておくこと。
(2) 開始時間に少し遅れると分かっている部長には，皆と一緒に出しておいても失礼ではない。
(3) 基本的には温かい日本茶を出すが，場合により冷茶やコーヒーなどのこともあるので，上司に尋ねること。
(4) 会議が長引いているときは替えの飲み物を出すので，始まる前に上司に，今日はどうなるかと尋ねておくこと。
(5) 会議が終わって茶わんを片付けるとき，残って話している部長がいても下げてよいが，断ってから下げること。

[16] 山田部長秘書Aは先輩から，秘書は仕事柄いろいろなことを知る立場にあるが，それらの中には他の人に話してはいけないことがあるので注意するようにと教えられた。次の「　」内は，話せないときのそれぞれの言い方である。中から不適当と思われるものを一つ選びなさい。

(1) 課員から，うわさになっている人の異動について尋ねられて
　「人事のことは知る立場にありませんので，分かりかねます」
(2) 課長から，昨夜上司をD駅で見かけたがどこの帰りなのだろうと言われて
　「時間が時間のことですから，部長に伺ってからお知らせします」
(3) 他部署の部長から，上司の外出先を尋ねられて
　「急なご用のようで，行き先はおっしゃらずにお出かけになりました」
(4) 業界紙の記者から，新製品の発売時期を尋ねられて
　「私は何も聞いておりませんので，部長の山田に確認してご連絡いたします」
(5) 上司の友人と名乗る人から，上司の自宅住所を教えてもらいたいと言われて
　「自宅の住所は，本人の承諾がないと申し上げられないことになっております」

[17] 次の「　」内は，秘書Aが上司（部長）に言ったことである。中から言葉遣いが不適当と思われるものを一つ選びなさい。

(1) 予約客の工藤氏の来訪を知らせたとき，「工藤様を応接室にお連れいたしました」
(2) 外は寒いのにそのまま出かけようとしたとき，「コートをお召しにならないのですか」
(3) 上司の湯飲み茶わんを片付けようとしたとき，「お茶わんをお下げしてもよろしいでしょうか」
(4) 翌日の上司のスケジュールを確認したとき，「明日はK社へ直行ということでございましたね」
(5) 課長が上司に報告したいことがあると言ってきたとき，「課長がお時間を頂きたいとのことでございますが」

[18] 秘書Aは先輩Cから，お辞儀の仕方が雑だと言われた。次はそのときAがCから教えられた丁寧なお辞儀の仕方である。中から不適当と思われるものを一つ選びなさい。

(1) 手は体の前で重ねるが，そのとき指は伸ばしてそろえること。
(2) 丁寧に深く頭を下げるには，背筋を伸ばしてするようにした方がよい。
(3) 下げた頭を上げるときは，下げるときの速さより，ゆっくりと上げること。
(4) お辞儀をするときは，かかとを前後に少しずらして立つときちんと見えてよい。
(5) 上司の前へ歩いて行ってお辞儀をするときは，きちんと立ち止まってからすること。

【19】 秘書Aの上司は予約客のT氏と面談中である。そのT氏と一緒に来社するはずだったM氏から、急な用件のため到着まであと20分ほどかかるという連絡が入った。このような場合、M氏が遅れるということを面談中の二人にどのように伝えるのがよいか。次の中から**適当**と思われるものを一つ選びなさい。

(1) M氏はT氏と一緒に来社するはずだった客なので、T氏にメモで伝える。
(2) 同じことを書いたメモを2枚用意し、上司とT氏それぞれに渡して伝える。
(3) 二人ともM氏を待っているのであろうから、二人に向かって口頭で伝える。
(4) T氏と一緒に来社するはずだったとはいえ上司の客なのだから、上司にメモで伝える。
(5) M氏が遅れることと、そのことをT氏にも伝えてもらいたいと書いたメモを上司に渡す。

【20】 秘書Aの上司のところに二人連れの客が訪れた。次はそのときのAの応対である。中から**不適当**と思われるものを一つ選びなさい。

(1) 応接室に案内するとき、二人の客の斜め前を時々振り向きながら歩いた。
(2) 応接室のドアは内開きだったので、Aが先に入り一人ずつ招き入れた。
(3) お茶を出すとき、どちらが上位者か分からなかったので、上司の指示を待った。
(4) 替えのお茶を持っていったとき、客の一人は手を付けていなかったが、持っていったお茶と替えた。
(5) 面談を終えて客が帰るとき、客の一人から世話になったと礼を言われたので、二人に向かって「こちらこそ、失礼いたしました」と言った。

【21】 秘書Aは夕方、出張から戻った上司から「S社の営業部長に世話になったので、お礼に何か贈ってもらいたい」と言われた。そこでAは次のことを上司に確認した。中から**不適当**と思われるものを一つ選びなさい。

(1) 手配は明日でもよいか。
(2) 上書きは「御礼」でよいか。
(3) 礼状も用意した方がよいか。
(4) 送るのは会社宛てでよいか。
(5) 先方が希望している品はあるか。

[22] 秘書Aは取引先から上司あての電話を受け不在と言うとき，不在の理由によって次のような言い方をしている。中から不適当と思われるものを一つ選びなさい。

(1) 出張のとき
「あいにく出張しておりまして，出社は〇日の予定でございます。いかがいたしましょうか」
(2) 出社途中のとき
「本日は立ち寄りがございまして，〇時ごろに出社する予定でございます。お急ぎでしょうか」
(3) 来客中のとき
「あいにく席を外しておりますので，戻りましたらご連絡するということでよろしいでしょうか」
(4) 休暇のとき
「本日は休暇を取っております。よろしければ明日こちらからご連絡をさせていただきたいのですが」
(5) 外出中のとき
「申し訳ございません。ただ今外出しておりますが私用ですので，戻り時間は分かりかねるのですが」

[23] 営業部長秘書Aは，営業部員あての電話を取ることがある。次はそのときの対応である。中から不適当と思われるものを一つ選びなさい。

(1) 課長あてだったので，電話を保留にして課長に電話であることを知らせた。
(2) 担当者あてだったが不在で急ぐ用件でもなかったので，折り返し電話させると言った。
(3) しばらく鳴っていた電話に出たら外出中の係長からだったので，すぐに出られなかった理由を話した。
(4) 他部署に異動した担当者あての電話に，異動したことを話し，引き継いだ担当者に代わるがよいかと言った。
(5) 外出中の担当者あてで，伝言を頼むと言われたので，メモの用意をするので待ってもらいたいと言って準備した。

実技 ● 技能

[24] 次は秘書Ａの，上司宛ての郵便物の取り扱い方である。中から不適当と思われるものを一つ選びなさい。

(1) 上司に渡すときは，急を要するものや重要なものを上にして渡している。
(2) 親展と表示のあるものや書留類は開封しないで，そのまま上司に渡している。
(3) 私信か業務用文書か分からないものは，上司に見せて開封するかどうかを確かめている。
(4) 開封したものには目を通し，上司が処理しなくてもよい場合は担当者に渡している。
(5) ダイレクトメールや宣伝文書でも，見せた方がよいと思われるものは上司に渡すようにしている。

[25] 秘書Ａは先輩から，上司の部屋の整備には特に気を使うようにと言われている。次はなぜ特に気を使うのか同僚と話し合ったことである。中から不適当と思われるものを一つ選びなさい。

(1) 部屋が整っていれば，上司が気持ちよく仕事ができるからではないか。
(2) 上司は会社の幹部なので，部屋に幹部としての品格が必要だからではないか。
(3) 上司の部屋が整っていることは，会社全体の印象をよくするからではないか。
(4) 部屋が整っていれば，会社や上司が来客から信頼を得られることになるからではないか。
(5) 部屋が整っていれば，上司が忙しくしていてもそのように見られることがないからではないか。

[26] 広報部長秘書Ａは，毎朝，新聞に目を通し，会社や製品に関係がある記事，業界情報などをコピーして関係部署に配っている。次はそのときのコピーの作り方である。中から不適当と思われるものを一つ選びなさい。

(1) コピーには，記事が掲載されている新聞名，年月日を書いている。
(2) 記事があるページをコピーした後，記事だけをサインペンで囲っている。
(3) コピーは主たる記事だけにし，他の面にある関連記事などは省略している。
(4) 他紙に同様の記事がある場合は１紙だけにするが，内容に違いがあればコピーしている。
(5) 形の悪い記事は，コピーしたものを切り抜いて形を整えて見やすくし，再度コピーしている。

[27] 次は秘書Aが,会社で郵便物を送付するときに心がけていることである。中から不適当と思われるものを一つ選びなさい。

(1) 切手は何枚も貼らないで,なるべく1枚で済むようにしている。
(2) 現金書留に硬貨を入れるときは,最小の数で済むようにしている。
(3) 創立記念式典などの招待状を送るときは,慶事用の切手を貼っている。
(4) 記念切手はいろいろな絵柄が楽しめるので,なるべく使うようにしている。
(5) 送付物の重さを量り,料金が足りるかどうか微妙なときは次の重さの料金にしている。

[28] 次は秘書Aが,会議の資料を準備するときに心がけていることである。中から不適当と思われるものを一つ選びなさい。

(1) 資料は,予備として会議の出席者より二,三部多く準備するようにしている。
(2) 資料の大きさがまちまちのときは,大きさをそろえた方がよいか上司に確認している。
(3) 丁合＊を取った資料をホチキスでとじるときは,横書きの資料の場合は右上を斜めにとじている。
(4) 資料をセットするときは,それぞれのページのコピーの枚数を確認してから丁合を取っている。
(5) 部外秘の資料をコピーしていてミスコピーが出てしまったときは,シュレッダーで処理するようにしている。

＊「丁合を取る」とは,印刷（コピー）したものを,ページ順にそろえること。

[29] 次は秘書Aが,名刺の整理の仕方について考えたことである。中から適当と思われるものを一つ選びなさい。

(1) 名刺の数が多いときの整理は,一覧性のある名刺整理簿でするのがよいかもしれない。
(2) 名刺を受け取ったときは,日付を記入しておくと最初の面会日が分かってよいかもしれない。
(3) 住所や電話番号などの変更は,1年に1回訂正する日を決めておいてするのがよいかもしれない。
(4) 使わなくなった古い名刺でもいつ必要になるか分からないので,別にまとめておくのがよいかもしれない。
(5) 名刺は個人のことが書かれているものだから,個人名五十音順で整理すると決めておくのがよいかもしれない。

[30]　次は秘書Ａが，上司の予定や予定表の管理について心がけていることである。中から不適当と思われるものを一つ選びなさい。

(1) 社外の会議の場合は，会社を出る時間も記している。
(2) 上司の私的な予定はなるべく口外しないようにしている。
(3) 上司の予定の問い合わせには，上司に確認して返事すると言っている。
(4) 予定表を変更するときは，何を変更したか分かるような直し方をしている。
(5) いつも予定時間に終わらない会議の後の予定は，時間に余裕を持たせてから入れている。

[31]　次は秘書Ａが，社内文書の書き方について先輩から教えられたことである。中から不適当と思われるものを一つ選びなさい。

(1) 受信者名，発信者名は職名だけでよい。
(2) 発信日付には，年は書かなくてもよい。
(3) 頭語や時候のあいさつなどは書かない。
(4) １文書に書く用件はできるだけ一つにすること。
(5) 横書きで，内容はできるだけ箇条書きにすること。

実技 ● マナー・接遇（記述問題）

[32] 秘書Aは，上司の指示で取引先D社の部長に書類を届けに行った。次の絵は，D社の受付で取り次ぎを頼んでいるところだが，Aに不適切なところがある。①何が不適切なのか。また，②Aはどのようにすればよいかを答えなさい。

[33] 次のような場合，どのように言って来客の応対をすればよいか。「　」内の下線部分に入る適切な言葉を答えなさい。

(1) 来客の名前を尋ねるとき

　　「いらっしゃいませ。＿＿＿＿＿＿＿＿が，＿＿＿＿＿＿＿＿」
　　　　　　　　　　　　　　a　　　　　　　　　　b

(2) 不在中の上司（山田部長）への伝言を受けたとき

　　「かしこまりました。＿＿＿＿＿＿＿＿ましたら，確かに＿＿＿＿＿＿＿＿」
　　　　　　　　　　　　　　a　　　　　　　　　　　　　　　　b

実技 ● 技能（記述問題）

[34] 秘書Aは，来社した客の名刺には後で役立つようなことをメモしてから整理している。今日は令和○○年6月10日。取引先S物産の吉田氏から紹介されたという小山氏が来社した。小山氏は，白髪，痩せ形，紺の背広にストライプのネクタイをしていて，約束の時間より15分早く来た。この小山氏の名刺にはどのようなことを書くのがよいか。具体的に箇条書きで三つ答えなさい。

[35] 次の手紙文のカタカナ部分を漢字に直して（　　）内に答えなさい。

(1) <u>ハイケイ</u>　<u>キシャ</u>　ますますご発展のこととお喜び申し上げます。
　　　a　　　　b

　　a（　　　　　　　）　b（　　　　　　　　）

(2) このたびは佳品を　<u>ごケイゾウ</u>　賜り，誠にありがたく，厚く　<u>オンレイ</u>　申し上げます。
　　　　　　　　　　a　　　　　　　　　　　　　　　　　　　　b

　　a（　　　　　　　）　b（　　　　　　　　）

(3) 時節柄，くれぐれも　<u>ごジアイ</u>　のほど　<u>キネン</u>　いたします。
　　　　　　　　　　　　a　　　　　　　　b

　　a（　　　　　　　）　b（　　　　　　　　）

秘書検定模擬試験
〈2級〉

＊この模擬試験は，第90回から第95回までの秘書検定2級の実問題を再構成したものです。

区分	領域	得点		得点合計	合否
理論	Ⅰ．必要とされる資質				
	Ⅱ．職務知識				
	Ⅲ．一般知識				
実技	Ⅳ．マナー・接遇	選択問題			
		記述問題			
	Ⅴ．技能	選択問題			
		記述問題			

氏名		No.

理論 ● 必要とされる資質

[1] 秘書Aは今月いっぱいで他部署に異動することになり，後任は後輩Bに決まった。次はAが，Bに仕事を引き継ぐに当たり行ったことである。中から不適当と思われるものを一つ選びなさい。

(1) 業務の引き継ぎのほかに，上司の食事の好みや私的なことについても簡単に話をした。
(2) 同僚に，Bは何かと不慣れだと思うのでいろいろと力を貸してあげてほしいと頼んだ。
(3) Bに，引き継いだ仕事は初めのうちは上司にこれでよいか確認しながらするように言った。
(4) Bに，異動した後も分からないことなどがあったらいつでも聞きに来て構わないと言った。
(5) 自分がミスした経験を話すのは役立つかもしれないので，そのような話も交えながら引き継いだ。

[2] 秘書Aは今まで先輩に就いて見習いをしていたが，今度部長秘書として独り立ちすることになった。そこで，秘書の仕事を新たな気持ちでしようと次のように考えた。中から不適当と思われるものを一つ選びなさい。

(1) 判断力を養って，的確に仕事ができるようにしよう。
(2) いつも明るく振る舞って，周囲を明るい雰囲気にしよう。
(3) 自分ができる仕事を上司に伝え，秘書業務の枠を広げよう。
(4) 典型的な仕事であっても，いつも新鮮な気持ちで取り組もう。
(5) 機敏に行動することによって，上司の気持ちを引き締めよう。

[3]　秘書Aの上司（部長）が予定より早く外出から戻ってきた。取引先との交渉が予想外に早く決着したため，ということである。次はこの後，Aが上司に対して行ったことである。中から**不適当**と思われるものを一つ選びなさい。

(1) 上司の外出中に，交渉の成り行きを心配していたT部長から電話があったので，T部長に電話をしてもらった。
(2) 部下に稟議書の決裁を待ってもらっていたので，疲れているところを申し訳ないと言って対応してもらった。
(3) 交渉の結果は，関わった常務にすぐに知らせた方がよいので，急ぎ秘書あてにメールで知らせておこうかと尋ねた。
(4) 欠席と連絡しておいた社内会議が始まったばかりだったので，出席するのなら資料を用意するがどうするかと尋ねた。
(5) ここ数日はこのことで大変だったので，今日は早めに退社できるよう，夕方の課長との打ち合わせ時間を早めてもらおうかと尋ねた。

[4]　秘書Aが上司の方を見ると，上司は困った顔でワイシャツの袖をいじっている。袖のボタンが取れてしまったようである。このような場合の対応について，次の中から**適当**と思われるものを一つ選びなさい。

(1) すぐにソーイングセットを持っていき，「使うか」と尋ねる。
(2) 針に糸を通したものを見せ，「これで間に合うか」と尋ねる。
(3) 「ソーイングセットを持ってくるが自分で付けられるか」と尋ねる。
(4) 「ボタンを付けようか」と尋ね，付けてもらいたいと言ったら付ける。
(5) 「すぐに付ける」と言って，スーツの袖をたくし上げてもらって付ける。

[5]　山田営業部長秘書Aは，廊下で擦れ違った上司と親しい取引先のT部長から，営業部長が異動すると聞いたが本当かと尋ねられた。課長の異動は来週公表される予定で，M営業所勤務になることを課員は皆知っている。このような場合AはT部長にどのように言うのがよいか。次の中から**不適当**と思われるものを一つ選びなさい。

(1) 社外の人に言われたのだから，「よくご存じですね」と言う。
(2) まだ公表されていないのだから，「そのようですね」と言う。
(3) 取引先の人なのだから，「近々公表されると思いますが」と言う。
(4) 課員たちも知っていることなのだから，「M営業所だそうです」と言う。
(5) 上司と親しいのだから，「山田は何も申しておりませんでしたでしょうか」と言う。

理論 ● 職務知識

[6]　秘書Aは取引先のT部長秘書から，近々T部長は地方支社へ転勤すると聞いた。そこで上司に報告するために次のことを尋ねた。中から不適当と思われるものを一つ選びなさい。

(1) 新しい役職名
(2) 歓送会の日時
(3) 支社名と連絡先
(4) 支社への転出日
(5) 後任者名と着任日

[7]　次は秘書Aが日ごろ行っていることである。中から不適当と思われるものを一つ選びなさい。

(1) スケジュール上に予定がないのに上司が外出したときには，外出先を確かめるようにしている。
(2) 上司への面会予約は相手の希望する日時を二，三尋ねておき，いつにするかは後で知らせると言っている。
(3) 急なスケジュールの変更は上司に代理で済むかどうかを確認し，済むのなら代理者に事情を話して頼んでいる。
(4) 上司が不在のときの来客にはできる用件は処理するが，できないものは後でこちらから連絡すると言っている。
(5) 上司の不在中に上司あてに電話があったときは，相手によっては帰社予定の時間を伝え，かけ直してくれるように頼んでいる。

[8]　秘書Aは，上司（部長）の外出中に他部署の部長から，明日の夜上司に時間を取ってもらえないかと言われた。上司は外出の前に電話で，友人と明日の夜食事の約束をしていたようである。このような場合Aはどのように対応すればよいか。次の中から不適当と思われるものを一つ選びなさい。

(1) 「明日の夜は予定がおありになるようですが，いかがいたしましょうか」
(2) 「手元の予定表だけでは分かりかねますので，戻られましたら伺ってみます」
(3) 「恐れ入りますが，明日は予定が詰まっております。別の日ではいかがでしょうか」
(4) 「明日の夜は予定があるようでございますが，戻られましたら確認してご連絡いたします」
(5) 「今は分かりかねますので，確認をいたしましてご返事を差し上げるようにいたしましょうか」

【9】 次は秘書Ａが，上司の手助けをするために心掛けていることである。中から<u>不適当</u>と思われるものを一つ選びなさい。

(1) 上司の私的な交際や会合などのことも，できるだけ知っておくようにしている。
(2) 上司は高齢なので健康管理についての知識を持ち，それを生かすようにしている。
(3) 新聞の経済面に目を通し，自社と同じ業種の経済動向について知っておくようにしている。
(4) 秘書の役割を意識して上司の指示で仕事をしているが，日常的なことは自分の判断でしている。
(5) 上司の留守中に上司の代わりをすることもあるが，あくまでも秘書としての範囲を意識している。

【10】 秘書Ａは上司から，これを清書するようにと原稿を渡された。読んでみると表現がおかしいと思われる箇所があった。このようなことにＡはどう対処すればよいか。次の中から**適当**と思われるものを一つ選びなさい。

(1) 表現がおかしいのだから，黙って直しておく。
(2) これを清書するようにと言われたのだから，そのまま清書する。
(3) 上司に，おかしいと思う箇所があるがこれでよいのかと確かめる。
(4) そのまま清書し，おかしいと思われる箇所に付箋を付けておく。
(5) 上司に，表現のおかしい箇所があるので直して清書しておくと言う。

理論 ● 一般知識

[11] 次の用語の説明の中から不適当と思われるものを一つ選びなさい。

(1) 「固定資産税」とは，土地や建物などにかかる税金のこと。
(2) 「印税」とは，書籍などの著作権収入にかかる所得税のこと。
(3) 「累進課税」とは，所得が多くなるほど税金が高くなる課税方式のこと。
(4) 「確定申告」とは，一定期間の所得の総額と税額を税務署に申告すること。
(5) 「間接税」とは，税を負担する人と納付する人が違う税金のこと。消費税など。

[12] 次は用語とその意味の組み合わせである。中から不適当と思われるものを一つ選びなさい。

(1) サンプリング＝標本抽出
(2) イノベーション＝技術革新
(3) ペンディング＝保留・未決
(4) アドバタイジング＝忠告・助言
(5) プレゼンテーション＝提示・説明

[13] 次は株式会社について述べたものである。中から不適当と思われるものを一つ選びなさい。

(1) 代表取締役が複数いる場合もある。
(2) 最高意思決定機関は株主総会である。
(3) 株主は出資金だけの責任を負えばよい。
(4) 取締役は労働組合の承認を得て選任される。
(5) 株式は原則として自由に売買，譲渡できる。

実技 ● マナー・接遇

[14] 営業部長秘書Aは，出張中の上司の代理で取引先の葬儀（仏式）に参列した。次はそのときAが順に行ったことである。中から不適当と思われるものを一つ選びなさい。

(1) 受付では「このたびはご愁傷さまでございました」と言ってあいさつした。
(2) あいさつの後，上司の名前を書いた香典を差し出して「ご霊前にお願いいたします」と言った。
(3) 会葬者芳名録には，会社名と上司名を書き，下に「(代)」と書いた。
(4) 記帳した後受付の人に，上司は所用で来られなかったと言って自分が代理参列であることを説明した。
(5) 顔見知りの取引先の人に出会ったとき，上司は出張中なので自分が代理で参列したと話した。

[15] 秘書Aが退社しようとしたところ，課長と談笑していた上司（部長）から食事に誘われた。上司の行きつけの店とのことである。次は，Aが二人に同行したとき行ったことである。中から不適当と思われるものを一つ選びなさい。

(1) 行った店は老舗でAは雑誌で知っていたので，来られてうれしいと誘ってもらった礼を言った。
(2) 和室に案内され先に入るように勧められたが，遠慮して自分は最後に入った。
(3) 料理は何にするか尋ねられたが様子が分からないので，上司にお願いすると言った。
(4) 乾杯の後，上司は無礼講でよいと言ったので，失礼しますといって膝を崩した。
(5) 帰るとき見送りにきた店の人に，自分の名刺を渡し，接待で使うときはよろしくと言った。

[16] 次は秘書Aの上司（山田人事部長）が不在のとき，上司あての電話に応じてAが言ったことである。中から言葉遣いが<u>不適当</u>と思われるものを一つ選びなさい。

(1) 部長会議に出席中，課長からかかってきたとき
「部長会議に出席中で，3時ごろにはお戻りの予定です」
(2) 外出中，友人のTと名乗る人からかかってきたとき
「山田は外出しておりますが，いかがいたしましょうか」
(3) 来客中，家族からかかってきたとき
「部長さんは来客中で少々時間がかかりそうですが，お急ぎでいらっしゃいますか」
(4) 外出中，取引先からかかってきたとき
「あいにく山田は出かけられておりますが，代わりの者がご用件を承りましょうか」
(5) 他部署で用談中，総務部長からかかってきたとき
「部長は席を外していらっしゃいますが，戻られましたらお電話をするようにお伝えします」

[17] 次は秘書Aが，お茶を出したとき行ったことである。中から<u>不適当</u>と思われるものを一つ選びなさい。

(1) 定例の連絡会議だったので，ペットボトルのお茶を1本ずつ置き，その横に紙コップを置いた。
(2) コーヒー好きな客にコーヒーを出したとき，コーヒーを好まない上司には，いつもの緑茶を出した。
(3) Aも顔見知りの上司の友人には，上司の出張土産の菓子をお茶と一緒に持って行き，菓子を先に出した。
(4) 客に紅茶を出したとき，カップとソーサーは別々にしてお盆で運び，サイドテーブルでセットして両手で出した。
(5) 予約客にお茶を出したとき，会議の終了予定時間は過ぎていて上司は戻る時間だったので，上司の分も一緒に出しておいた。

[18]　次は秘書Aが社内研修で，話の聞き方として講師から教えられたことである。中から不適当と思われるものを一つ選びなさい。

(1) 相手が自分に何を話そうとしているのかを，常に考えながら聞くこと。
(2) 聞くとき感情的になっていると，内容を正確に理解できないことがあるので注意すること。
(3) 相手の話の中に言葉足らずのところがあったときは，ある程度は自分の推測で補って聞くこと。
(4) 先入観を持ったり話を断定的に聞くと，間違った理解をすることになりがちなので気を付けること。
(5) 相手の真意を理解しようとしながら話は聞くものだが，そのことは相手に分からないようにすること。

[19]　秘書Aの後輩Bは最近元気がない。明るくはつらつとしていたBだったので，Aは，いろいろな人から「Bさん最近元気がないがどうしたの」と聞かれる。次はそのように聞かれたAが「私にも分からない」と答えた後，言ったことである。中から不適当と思われるものを一つ選びなさい。

(1) 上司へ
　　「どうしたのか，訳を聞いてみましょうか」
(2) Bの同僚へ
　　「何があったのか，訳を聞いてみてくださる？」
(3) 顔見知りの取引先へ
　　「ご心配くださいましてありがとうございます」
(4) 社員食堂の従業員へ
　　「そういえば最近，昼食の話もしなくなったわ」
(5) 他部署の秘書へ
　　「彼女はうちの部署なので，心配には及ばないわ」

[20]　秘書Ａが電話を取ると，上司（山田部長）あてにＮ氏からだった。Ｎ氏は先日，上司が社外の会合で知り合った人で，整理しておくようにと名刺を渡されていた。このような場合Ａは，「Ｎ様でいらっしゃいますね」と言った後何と言って応対するのがよいか。次の中から**適当**と思われるものを一つ選びなさい。

　　(1)「お名刺で存じ上げております。私は秘書のＡと申します」
　　(2)「先日は，山田がお世話になりましてありがとうございました」
　　(3)「先日の会合ではお名刺を頂きまして，ありがとうございました」
　　(4)「山田からお名前は聞いております。お電話ありがとうございます」
　　(5)「先日頂いたお名刺は，山田から整理するよう言い付かっております」

[21]　営業部長秘書ＡはＫ支店の営業会議に，説明補助のため上司に随行して出席した。次はそのときＡが行ったことである。中から**不適当**と思われるものを一つ選びなさい。

　　(1) 新幹線（二人席）では，上司は窓側，自分はその隣に座った。
　　(2) Ｋ駅では支店から支店員が車で迎えに来ていたので，上司は後部座席の奥，自分はその隣に座った。
　　(3) 会議室では上司の席が指定されていたので，自分は説明補助としての出席と事情を話して上司の隣に座った。
　　(4) 会議後の懇親会の日本料理店では，上司は床の間を背にした席，自分はその隣を勧められたが断ってその席の近くに座った。
　　(5) 支店長が，支店員の運転で宿泊先まで送ってくれたとき，上司は勧められて後部座席の奥に座ったので自分はその隣に座った。

[22] 次は営業部長の兼務秘書Aが後輩に，電話での対応の仕方として指導したことである。中から不適当と思われるものを一つ選びなさい。

(1) 相手が留守で伝言を頼むとき，電話に出た人によっては，自分の所属と名前を最後に繰り返して言うこと。
(2) 電話で話しているときの話し方の調子で，こちらの態度が相手に分かるので，話すときの態度に気を付けること。
(3) 電話を聞いていてはっきりと聞き取れなかったところは，やむを得ないので，頼んでもう一度繰り返してもらうこと。
(4) 名指しされた人が別の電話に出ているときは，理由を言って用件を尋ね，返事を後で自分からさせてもらうと言うこと。
(5) かけ直してもらった電話にタイミング悪くまた名指しされた人が出られないときは，出られそうな時間を言うか，こちらからかけさせてもらうと言うこと。

[23] 次の「　」内は秘書Aの，来客に対する言葉遣いである。中から不適当と思われるものを一つ選びなさい。

(1) 相手の希望通りにできなかったとき
「ご意向に沿えず申し訳ございません」
(2) 十分なことができなかったとき
「あしからず申し訳ございませんでした」
(3) 気に入ってもらえたか心配なとき
「お気に召していただけましたでしょうか」
(4) 世話になったので礼をしたいと言われたとき
「お礼なんてとんでもないことでございます」
(5) 相手が気を使ってくれたとき
「お気遣いを頂きましてありがとうございます」

実技 ● 技能

[24] 秘書Aは上司から「秘」扱いの資料を渡され、これをコピーして「秘」の印を押して各部長に配布するようにと指示された。次はこのときAが、どのようにして渡すのがよいか考えたことである。中から**適当**と思われるものを一つ選びなさい。

(1) 各部長に、「秘」扱い資料を持参すると電話しておいて持っていき、手渡してくるのがよいかもしれない。
(2) 「秘」扱い資料なので封筒に入れ、各部長に連絡して取りに来てくれるように頼むのがよいかもしれない。
(3) 中が見えなければよいのだから、封筒にも「秘」の印を押して入れ、それを置いてくるのがよいかもしれない。
(4) 「親展」の印を押して部長名を書いた封筒に入れて渡し、文書受渡簿に受領印を押してもらうのがよいかもしれない。
(5) 中身が「秘」扱いであることが分からないよう封筒には何も書かず、渡すとき「秘」扱いと言って渡すのがよいかもしれない。

[25] 秘書Aの上司（部長）はスケジュールに沿って行動するが、スケジュール通りにいかないこともある。次はそのときのAの対処である。中から<u>不適当</u>と思われるものを一つ選びなさい。

(1) F部長との打ち合わせの時間なのに、外出先から戻ってこないとき
F部長に、上司は外出先からの戻りが遅れていると話し、待ってもらえるかと尋ねた。
(2) 予約客から、都合で15分ほど遅れると連絡が入ったとき
この後予定は入っていなかったので、客には待っていると言い、上司にそのことを伝えた。
(3) 風邪気味だと言って昼に退社したとき
午後取引先に一緒に出かけることになっていた課長に、事情を話して取引先への対応を頼んだ。
(4) 取引先の専務の葬儀に参列することになったとき
上司に、業界団体の定例理事会と重なるが、理事会へは課長に代理で出席してもらおうかと尋ねた。
(5) 予約客が待っているのに会議が終わらないとき
予約客に、会議が長引いているので上司に知らせてくるが、どのくらいなら待ってもらえるかと尋ねた。

[26] 秘書Aの上司が社長に就任した。次の枠内はAが書いた就任あいさつ状の一部だが，下線部分を先輩は下のように直した。中から直さなくてもよかったと思われるものを一つ選びなさい。

> 内外の経済情勢が楽観を<u>できぬ</u>困難な時代に，図らずも<u>重い役</u>
>   　　　　　　　　　　1)　　　　　　　　　　　　　　2)
> を仰せ付かり，その<u>負担</u>の<u>重さ</u>を痛感いたしております。何分，
>   3)   4)
> 浅学非才の身ではございますが，一意専心，新職に<u>精励</u>いたす
>   5)
> 決意でございます。

(1)「できぬ」を「許さぬ」に　　(2)「重い役」を「大役」に
(3)「負担」を「責任」に　　　　(4)「重さ」を「重大さ」に
(5)「精励」を「邁進（まいしん）」に

[27] 秘書Aの上司は，社外の人を招いて会議（昼食時間を挟む）を行うことがある。次はAが，その案内状を作成するとき間違いや漏れのないように気を付けていることである。中から不適当と思われるものを一つ選びなさい。

(1) 担当者名と電話番号
(2) 開催日時と曜日，会場
(3) 会場の交通案内と略図
(4) 昼食の「要・不要」記入欄
(5) 季節に適した時候のあいさつ

[28] 秘書Aは上司（営業部長）から，明後日の課長会議の開始時間を1時間遅らせたいので，課長たちに知らせてもらいたいと指示された。Aは，各課長にメールで知らせることにした。次はこのときAが行った連絡である。中から不適当と思われるものを一つ選びなさい。

(1) C課長はメールチェックをあまりしないようなので，内線電話で連絡することにした。
(2) D課長は今日は休みと聞いていたので，明日出社を確認してから送信することにした。
(3) E課長は欠席と聞いていたので，出席の場合は連絡をもらいたいと書き添えて送信した。
(4) F課長は今から上司と面談することになっているので，来たとき口頭で知らせることにした。
(5) G課長は遅れて出席すると聞いていたがそのことには触れずに，開始時間が変更になることだけ書いて送信した。

[29] 次は社内文書の書き方について述べたものである。中から**適当**と思われるものを一つ選びなさい。

(1) 文体は，「です」より「である」の方が命令的でよい。
(2) 受発信者名は，職名だけで個人名は書かなくてもよい。
(3) 頭語は「前略」でよく，従って，結語は「草々」になる。
(4) 横書き文書の数字は，算用数字に統一しておくのがよい。
(5) 箇条書きは，文が短く説明が不十分になりがちなので，避けた方がよい。

[30] 秘書Aは，上司の出張中に上司の部屋の整備をすることにした。次は出張前に上司に尋ねたり伝えたりしたことである。中から<u>不適当</u>と思われるものを一つ選びなさい。

(1) 壁にかけてある静物画を，季節に合わせて昨年と同じ絵に替えてもよいか。
(2) 上司の机を少しずらせばじゅうたんの染みが隠れるので，動かしてもよいか。
(3) 上司のロッカー内に不要な物があれば，分かるようにしておいてもらえないか。
(4) 雰囲気を変えるため，観葉植物の種類を替えようと思うがどうか。希望はあるか。
(5) 書棚を整理したいので，廃棄してよい古い雑誌をまとめて出しておいてもらえないか。

[31] 次は名刺の整理法について述べたものである。中から<u>不適当</u>と思われるものを一つ選びなさい。

(1) 数が多いときは，名刺整理箱で整理した方が便利である。
(2) 同一人の名刺は，記載内容を確認して古いものは破いて捨てる。
(3) 受け取った名刺には，その人の特徴を記しておくと何かと便利である。
(4) 名刺には，普通より大きいものや小さいものがあるが，それは別にして整理するのがよい。
(5) 整理の仕方には，個人名，会社名，業種別などがあるが，使う人が扱いやすいやり方でよい。

実技 ● マナー・接遇（記述問題）

[32] 秘書Aは出社した上司に「おはようございます」と言うが，次のようなときは，その後にどのように言うのがよいか。適切な言葉を「　」内に答えなさい。

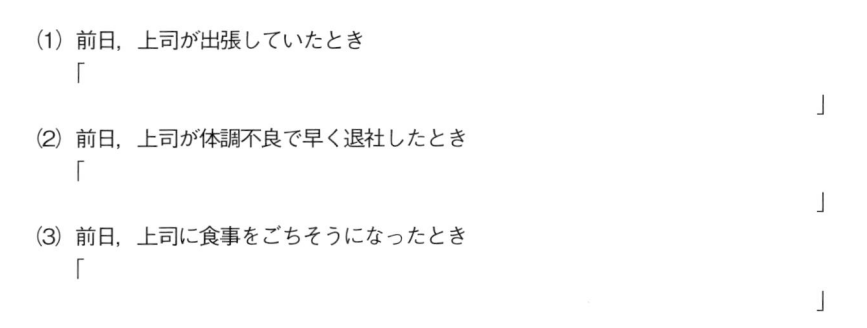

(1) 前日，上司が出張していたとき
「　　　　　　　　　　　　　　　　　　　　　　　　　　　　　　　　　　　　」

(2) 前日，上司が体調不良で早く退社したとき
「　　　　　　　　　　　　　　　　　　　　　　　　　　　　　　　　　　　　」

(3) 前日，上司に食事をごちそうになったとき
「　　　　　　　　　　　　　　　　　　　　　　　　　　　　　　　　　　　　」

[33] 秘書Aの上司が外出中，取引先の人が仕事のことで相談があると言って不意に訪れた。上司はあと30分ほどで戻る予定だが，その後に予定は入っていない。このような場合Aは，取引先の人にどのようにしてもらうことになるか。考えられる対応を箇条書きで三つ答えなさい。

実技 ● 技能（記述問題）

[34] 総務部長秘書の村上は上司の指示で、避難訓練の実施についてのお知らせを作成した。下は村上が作成したその社内文書だが不適切である。これを適切なものにするには、どこをどのように直せばよいか。箇条書きで三つ答えなさい。

```
                             総発第 27 号
                              11 月 15 日
  社員様
                              総務部長
         避難訓練の実施について（通知）

  標記について、下記の通り実施するので、通知します。

                  記

  1  日にち    令和 3 年 12 月 6 日（月）
  2  時　間    10 時～11 時 30 分
  3  集合場所  本社 1 階玄関前

    なお、各フロアの避難責任者は、事前に避難経路
  の確認を行ってください。

                       担当　総務部　村上
                            （内線　105）
```

[35] 次の表は、商品別売上高前年度比伸び率の推移を示したものである。これを見やすいグラフにしなさい（定規を使わないで書いてよい）。

商品＼年度	2015	2016	2017	2018
A	0.5%	3.0%	1.0%	4.5%
P	1.5%	−2.0%	2.5%	1.5%

編集協力：西文社
イラスト：中山成子

新秘書特講

| 2014年3月1日 | 初版発行 |
| 2023年4月10日 | 第8刷発行 |

編　者　公益財団法人 実務技能検定協会Ⓒ
発行者　笹森 哲夫
発行所　早稲田教育出版
　　　　〒169-0075 東京都新宿区高田馬場一丁目4番15号
　　　　株式会社早稲田ビジネスサービス
　　　　https://www.waseda.gr.jp/
　　　　電話　（03）3209-6201

落丁本・乱丁本はお取り替えいたします。
本書の無断複写は著作権法上での例外を除き禁じられています。購入者以外の第三者による本書のいかなる電子複製も一切認められておりません。